Irène Némirovsky
un destin en images

Publié sous la direction d'Olivier Corpet

DENOËL  imec
éditeur

CI-DESSUS
Irène Némirovsky, au début des années 1920

CI-CONTRE
Irène Némirovsky à l'hôtel Regina,
Nice, vers 1920

CI-DESSUS
Irène Némirovsky, s.d.

CI-CONTRE
Irène Némirovsky, vers la fin des années 1930

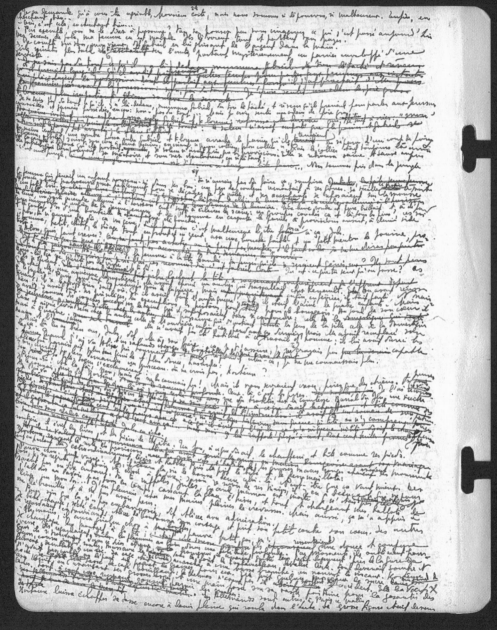

Pages du manuscrit original d'Irène Némirovsky,
Suite Française (hauteur : 26 cm x largeur : 21,2 cm)

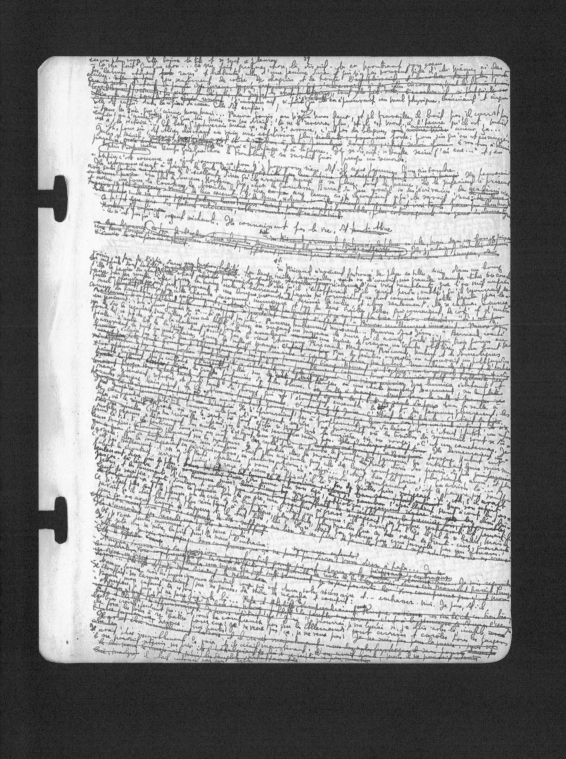

─── PRÉFACE ───

L'archive a toujours des vertus insoupçonnées et parfois des effets inattendus ; en certaines circonstances elle peut transformer une biographie ordinaire en un parcours exemplaire et faire d'une œuvre simple, classique, destinée à sombrer peu à peu dans l'oubli, une œuvre majeure, réactualisée, ouverte à de nouvelles lectures. La personne et l'œuvre d'Irène Némirovsky ont connu voici quelques années cette soudaine rédemption qui transforme une vie en destin et fait d'un auteur à succès d'une époque un véritable grand écrivain pour la postérité. C'est d'abord cette mutation que veut montrer et faire comprendre la publication de cet ouvrage, ainsi que l'exposition que celle-ci accompagne.

Une première présentation de cette exposition eut lieu à New York, dans le cadre exceptionnel du Museum of Jewish Heritage, à la pointe sud de Manhattan, face à la statue de la Liberté, où des dizaines de milliers de visiteurs sont venus découvrir pendant près d'une année, à partir de septembre 2008, quelques-unes des principales pièces qui sont également présentées à Paris, au Mémorial de la Shoah. Cet intérêt, qui n'alla pas sans polémiques et interrogations sur la personnalité d'Irène Némirovsky et sur le contenu de son œuvre, s'inscrivit dans le droit-fil du succès considérable de *Suite française* aux États-Unis, à partir de sa publication par Knopf sous ce titre en avril 2006 : plus d'un million d'exemplaires vendus en langue anglaise. Un « score » quasiment unique dans les annales de l'édition française.

Lorsque David Marwell, l'entreprenant directeur du Museum of Jewish Heritage, eut l'occasion de voir le manuscrit de *Suite française*, ce fut pour lui une « expérience absolument unique, de la même manière qu'une odeur ou quelques notes de musique peuvent ressusciter des souvenirs enfouis, mettre en branle l'imaginaire, raviver la mémoire et aiguiser la conscience ». Il fut en particulier frappé par le fait que ce manuscrit livrait « une histoire entière, en laissant deviner au fil des phrases des détails révélateurs de l'état émotionnel et mental de son auteur ». « Du fait des circonstances, ajoutait-il, Irène Némirovsky, craignant vraisemblablement d'arriver à bout de temps et de papier, écrit hâtivement, emplissant les pages de son cahier de petits filaments de texte aussi fins que des vaisseaux capillaires – des veines d'encre bleue se fondant sur les pages couleur ivoire. »

Il devenait essentiel et urgent qu'après cette première new-yorkaise le public français pût à son tour découvrir ce manuscrit devenu mythique mais aussi, au-delà de *Suite française*, ouvrage désormais culte auquel elle ne saurait cependant être réduite sous peine d'être gravement amputée, toute l'œuvre d'Irène Némirovsky. C'est pourquoi l'exposition, loin de présenter seulement cette pièce maîtresse, retrace, grâce à de très nombreux documents d'archives (carnets de notes, manuscrits et éditions originales des autres grandes œuvres comme *David Golder* ou *Le Vin de solitude,* correspondances, photographies, affiches, etc.), l'ensemble de sa vie d'écrivain, de femme et de mère.

Sans avoir les mêmes missions originelles, le Mémorial de la Shoah et l'Institut Mémoires de l'édition contemporaine partagent cependant un même souci de mémoire et de transmission ; ils ont donc décidé de donner à cette exposition une envergure plus large encore que celle qu'elle eut à New York, de faire de cet événement un moment suffisamment intense pour que puissent s'ouvrir des débats sur l'ensemble des questions soulevées par un itinéraire aussi singulier et une œuvre désormais aussi importante. Ils s'appuient sur les données biographiques documentées fournies par Olivier Philipponnat et Patrick Lienhardt dans leur ouvrage de référence (*La Vie d'Irène Némirovsky*, Grasset/ Denoël, 2007) à partir du fonds d'archives confié à l'IMEC en 1995, et sur la totalité des écrits anthumes et posthumes publiés d'Irène Némirovsky (et pas seulement l'un ou l'autre, comme cela se fait arbitrairement et injustement chez ses contempteurs les moins bien disposés).

L'histoire de la littérature se confond souvent avec des histoires de valises perdues, volées, puis retrouvées, des histoires de malles pleines de manuscrits inédits, histoires toujours aventureuses, parfois imaginaires, mais parfois aussi réelles, qui font que l'œuvre d'un écrivain est toujours à la merci d'une découverte inattendue. Et ce resurgissement peut à tout moment être une révélation qui enrichit, bouleverse l'œuvre connue. La valise est alors synonyme d'un émerveillement à venir.

Dans certaines circonstances historiques de guerre, d'exil, de traque ou de déportation, on sait hélas que l'objet-valise peut être également le symbole tragique de la fuite, de la désolation, de la terreur et de l'horreur absolue – que l'on songe aux amas de valises retrouvées dans les camps d'extermination, abandonnées, vidées de leurs effets et de leurs souvenirs emportés à la hâte. Synonyme d'une perte irréparable, la valise n'est plus alors que ce qui reste d'une abomination passée.

Dans l'une et l'autre situation, la valise est l'artefact qui capte toutes les peurs et tous les désirs. Dans le cas d'Irène Némirovsky, surmontant sa hantise fort compréhensible du fétichisme malsain que risque toujours de provoquer un tel objet à la fois si ordinaire et si intime soudainement muséographié, Denise Epstein a généreusement accepté que la valise qui pendant cinquante ans a renfermé *Suite française* soit présentée dans l'exposition. Elle constitue la trace mémorielle fascinante d'une double destinée : personnelle et littéraire, tragique et rédemptrice. Pour cette raison, il tombait sous le sens que nous reprenions avec Denise Epstein, dans un entretien publié dans cet ouvrage, l'histoire de *Suite française* en suivant au plus près celle, extraordinairement émouvante, de cette valise.

Ensemble donc, ces deux pièces uniques que sont le manuscrit et la valise permettent de ressentir l'incarnation physique et symbolique d'une histoire poignante sur la mémoire et l'oubli, sur les mères et leurs filles, sur l'héritage et la perte.

Ceux qui ont lu et aimé *Suite française* découvriront dans cet ouvrage les notes préparatoires de *Captivité*, la troisième partie du roman, finalement jamais rédigée. Une chronologie raisonnée, illustrée de photos de famille pour la plupart inédites, livre un aperçu aussi complet que possible de la vie professionnelle et familiale d'Irène Némirovsky. L'entretien avec Denise Epstein offre un témoignage inédit sur l'histoire remarquable et sidérante d'une mère, d'une femme de lettres, qui cessa d'écrire trop tôt.

Paris, juillet 2010

OLIVIER CORPET,
directeur de l'Institut Mémoires de l'édition contemporaine

JACQUES FREDJ,
directeur du Mémorial de la Shoah

PS : Cet ouvrage reprend pour son édition française l'essentiel des textes et documents qui avaient été réunis en 2008 pour une première édition américaine publiée par l'IMEC et les éditions Five Ties (Brooklyn). Que David Marwell et l'éditeur Garrett White trouvent ici l'expression de notre reconnaissance pour nous avoir autorisés à reprendre en français cette édition, dont nous avons tenu à garder l'essentiel de la maquette intérieure.

AVANT-PROPOS

Née en Ukraine au temps des pogroms et de l'amitié franco-russe, Irène Némirovsky reconnaît très tôt sa patrie : la langue française. Celle de sa gouvernante, des villes d'eau et de la Riviera où elle vit six mois l'an, et la seule que daigne parler sa mère, que poursuit le spectre du ghetto juif. Élevée à la maison, elle apprend le *Songe d'Athalie* et *Nous n'irons plus au bois*. À huit ans, « folle d'Edmond Rostand », elle déclame la tirade de *L'Aiglon* devant le gouverneur de Kiev. La révolution de Février, au son de *La Marseillaise*, ne l'effraie d'abord pas. Et lorsque, chassés par le coup d'État bolchevique, les Némirovsky trouvent refuge en Finlande, elle y dévalise la principale librairie d'Helsinki, dévore Balzac et Dumas, mais aussi Proust et les Tharaud. L'ennui lui dicte des contes en français ; en russe, elle n'écrit que des vers, tels que : « Il me semble parfois que je suis étrangère... »

Trop jeune pour la nostalgie, elle s'éprend de Paris où s'installent ses parents en 1919. Tandis que des milliers d'exilés russes ont le cœur arraché, elle a le sentiment de rentrer au pays : « J'ai trouvé les souvenirs qui m'attendaient. » Son nom n'en est pas moins difficile à prononcer pour les jeunes Français qu'elle fréquente à la Sorbonne. Plus simple est Nerey, l'anagramme qu'elle choisit pour gifler sa mère dans *L'Ennemie* et *Le Bal*. Le sang exige ses droits : son mari, Michel Epstein, est fils de banquier russe. En 1929, elle lui donne une fille, prénommée Denise France, et un livre, *David Golder*. Dans ce « roman d'affaires », âpre et pugnace, elle a condensé tout ce qu'elle sait des casinos, du lucre, du vice et de l'âme juive. En quelques semaines, à grand renfort de publicité, Bernard Grasset en fait la « *great attraction* de toutes les réceptions ». Némirovsky, c'est alors le féminin de Morand. Des critiques, et non des moindres, la comparent à Balzac, Zola, Mirbeau. On lui promet le Femina. Loué, commenté et décrié comme le sont les chefs-d'œuvre, *Golder* est disputé par le théâtre et le cinéma. Roland Dorgelès, l'auteur des *Croix de bois*, consent à appuyer sa demande d'adhésion à la Société des gens de lettres : « Quand on a écrit *David Golder*, s'excuse-t-il, a-t-on besoin de parrains ? »

C'est maintenant que Gaston Chérau, membre du jury Goncourt, l'engage à réclamer la nationalité française. Comment la lui refuser ? N'a-t-elle pas parlé le français avant le russe ? Mais un scrupule l'en dissuade : celui d'en retirer un bénéfice. « C'est justement parce que la naturalisation française peut me faciliter l'accès du Goncourt que j'ai décidé d'ajourner les démarches », se justifie-t-elle. Nul vœu ne lui est plus cher, car elle voudrait donner à Denise « un pays, une patrie, défendue le cas échéant par une loi [...]. Mais justement parce que j'y attache tellement de prix, je voudrais que cela soit absolument désintéressé de ma part ».

Cette même intransigeance, ou est-ce de l'orgueil, se manifeste dans son œuvre. Sans faiblesses, elle n'épargne ni hommes, ni femmes, ni enfants, ni Français, ni Juifs, tous peints tels qu'elle les voit. Même ses autoportraits répugnent à la compassion : Antoinette, Joyce ou Hélène sont têtues, malignes, insatisfaites. Quant à la France, quoiqu'elle l'aime loyalement, elle lui tend le miroir du déclin, de la peur et du rejet. Sur ses personnages s'abattent les fléaux de l'époque : crise économique, corruption politique et morale, xénophobie. Rien que des *facts*, c'est son principe. Résolument « actuelle », Irène Némirovsky est dans l'air du temps. Un air vicié, que ses romans conservent intact, tels des flacons d'alcali.

À manipuler ces substances actives, elle se brûle parfois. Lorsque, en 1936, elle met en scène le préjugé antisémite dans une nouvelle intitulée « Fraternité », le directeur de la *Revue des Deux Mondes* y voit un aveu. Elle qui entendait montrer, par un mélange hardi de cruauté et de tendresse, « le besoin d'être aimé, pour celui qui a été haï, le besoin torturant d'être respecté, pour celui qui a été méprisé et chassé » – ce besoin qui a conduit en France tant de Juifs venus d'ailleurs, comme son Rabinovitch. Les personnages d'indésirables qui s'invitent dans son œuvre sont animés par la faim, l'envie, l'ambition, poussés au génie ou à l'escroquerie par un même ressort d'humiliation. Mais nul ne proteste lorsqu'elle décrit chez un Français – dans *La Proie* – ce mécanisme de l'arrivisme.Or elle n'ignore nullement la montée des périls, mais refuse qu'ils hypothèquent son art. *Les Chiens et les Loups*, qui paraîtra en mai 1940, montre le peuple juif « avec ses qualités et avec ses défauts », dit-elle. Ce point de vue extérieur, auquel elle n'a cessé de prétendre, est un piège. Elle a perçu dès 1934 la « folie réelle et contagieuse » de la « guerre antijuive en Allemagne », mais il faudra le premier Statut des Juifs, en octobre 1940, pour qu'elle se voie devenue l'un de ses personnages, apatride risquant, tout comme eux, le « camp de concentration ». Cette crainte ne l'avait pas effleurée. « Je me suis attachée de mon mieux à faire connaître et aimer la France », écrit-elle au maréchal Pétain, offensée par une déloyauté que son œuvre, acerbe et lucide, laissait pourtant prévoir.

Elle vit désormais de la charité de revues chaque jour moins disposées à contourner la législation antijuive. Seul, Albin Michel continue de lui verser des avances sur des livres impubliables. Ainsi *Suite française*, roman qu'elle devine posthume mais qui l'aide à « passer le temps ». C'est à Issy-l'Évêque, le village bourguignon où les siens attendent la fin de l'orage, qu'elle entreprend cet impressionnant tableau de la décomposition morale du pays sous la poussée du bélier allemand. Grands bourgeois et petits-bourgeois, mêlés sur les routes de l'Exode à la race des domestiques et des prostituées, n'y sont pas seulement dépouillés de leurs privilèges : ils sont avant tout ridiculisés. Irène Némirovsky éprouve encore pour les Français une « tendresse sincère et un peu moqueuse » ; elle n'aura plus pour eux, en mars 1942, que « haine et mépris ». Le flirt de son héroïne avec un lieutenant allemand est un pied de nez à « l'esprit de la ruche », ce « destin communautaire » dont elle a soupé.

Elle n'aura donc obtenu ni le prix Goncourt ni la nationalité française, encore refusée en septembre 1939, en raison des « circonstances » et malgré de prestigieux soutiens. Le baptême catholique, reçu en famille, ne l'a pas mieux protégée que son talent. Dénoncée, arrêtée, elle est internée au camp de Pithiviers le 15 juillet 1942.

Sa dernière nouvelle paraît le même jour, sous pseudonyme, dans l'hebdomadaire *Présent* : « Regardez-moi. Je suis seule comme vous à présent, non pas d'une solitude choisie, recherchée, mais de la pire solitude, humiliée, amère, celle de l'abandon, de la trahison. » Aucun appel de détresse n'empêche le départ du convoi n° 6 pour Auschwitz le surlendemain. Sa voix se tait, victime non de l'oubli, mais du crime organisé et de la complicité. Plus de soixante ans après, le succès international de *Suite française* n'a pas lavé cette honte, mais il l'a rendue criante.

Irène Némirovsky a bu jusqu'à la lie son « vin de solitude ». L'ivresse l'animait encore lorsqu'elle se livrait, dans *Suite française*, au saccage de ses illusions. Et dans la marge, c'est en français qu'elle a écrit : « Mon Dieu, que me fait ce pays ? » La langue, la langue seule, son premier et son dernier refuge, lui sera restée fidèle.

OLIVIER PHILIPPONNAT

Irène Némirovsky et sa mère, Anna, vers 1916

CI-DESSUS
Irène et son père, Léon Némirovsky,
Nice, vers 1920

CI-CONTRE
Irène Némirovsky à l'hôtel Regina,
Nice, vers 1920

CI-DESSUS
Anna et Léon Némirovsky,
Nice, s.d.

PAGE SUIVANTE EN HAUT
Irène Némirovsky et ses parents,
Léon et Anna, s.d.

PAGE SUIVANTE EN BAS
Irène Némirovsky et son père, Léon, s.d.

CI-DESSUS EN HAUT
Irène Némirovsky, vers 1920

CI-DESSUS EN BAS
Irène Némirovsky, 1920

À GAUCHE
Léon et Anna Némirovsky,
Nice, s.d.

EN HAUT À GAUCHE
Irène Némirovsky, s.d.

CI-CONTRE
Anna Némirovsky, s.d.

À DROITE
Léon Némirovsky, s.d.

CI-DESSUS
Irène Némirovsky, Saint-Jean-de-Luz, s.d.

À DROITE
Irène Némirovsky costumée, s.d.

Denise et Élisabeth Epstein, vers 1938

Entretien avec
Denise Epstein

PAR OLIVIER CORPET ET
EMMANUELLE LAMBERT

L'histoire de l'édition de Suite française
*– dernier texte écrit par votre mère,
Irène Némirovsky – commence par une
histoire de valise. Pouvez-vous nous
raconter ce qu'était cette valise pour
vous, où elle a été trouvée, et ce qu'elle
contenait ?*

Irène Némirovsky, Denise, Élisabeth
et Michel Epstein, Hendaye, 1939.

Au cours de notre séjour à Issy-l'Évêque [Saône-et-Loire],
d'abord à l'hôtel et ensuite à la maison, cette valise ne m'a jamais
préoccupée. Pendant mon enfance, je ne l'avais pas sous les yeux
non plus. Elle n'a joué son rôle qu'au moment de l'arrestation de
mon père, Michel Epstein. C'est seulement alors que mon père
l'a sortie de la chambre ; elle était fermée et j'ignorais tout de son
contenu, si ce n'est qu'elle contenait apparemment des choses
précieuses pour lui.

En fait, la valise est d'abord restée dans la maison d'Issy alors
que nous étions emmenés à la *Kommandantur*, au Creusot.
C'est à ce moment qu'est survenu l'épisode que j'ai souvent
raconté de cet officier allemand, dont je n'arrive pas à me rappeler
le grade, mais qui avait des responsabilités apparemment assez
élevées, et qui nous a relâchées ma sœur et moi, n'ayant pas
d'ordre pour arrêter les enfants, en tout cas pas à ce moment de
l'année 1942. L'ordre d'arrestation des enfants – je pense que c'est
quand même utile de le rappeler – est venu en fait des autorités
françaises représentées par des personnages tels que Bousquet et
Papon, qui avaient estimé trop élevé à cette époque-là le coût de
tant de futurs orphelins pour la France ! Ils ont utilisé l'argument
de la « charité chrétienne » pour ne pas séparer les familles :
arrêter les enfants avec leurs parents était donc, d'après eux, un
acte généreux. L'officier allemand, lui, a refusé de le faire : ce fut
une sorte de cadeau de vie, mais un cadeau un peu empoisonné,
d'une certaine façon.

Mon père a été jeté en prison au Creusot et nous, nous sommes
reparties dans cette maison d'Issy-l'Évêque avec Julie Dumot,
l'officier allemand nous ayant fait bien comprendre qu'il ne fallait
pas traîner. Nous n'y sommes donc restées que trois ou quatre jours.
Je me souviens que nous avons eu le temps de recevoir une lettre
de mon père, de prison, qui réclamait du vin, du fil, des aiguilles
et du savon pour laver son linge et qui nous embrassait. Il n'était
pas encore parti pour ailleurs… Le temps de trouver une
voiture – personne au village n'en possédant –, il a fallu deux ou
trois jours, il me semble. Et c'est au moment où nous avons été
séparés que mon père m'a dit : « Il y a une valise qui contient le
cahier de maman, tu ne dois jamais t'en séparer. »

Denise et Élisabeth Epstein,
Hendaye, 1939

Irène Némirovsky avec Denise et Élisabeth Epstein, vers 1938.

Le « cahier », c'était précisément son expression ?

Oui, on l'appelait comme ça, parce que « classeur » était un mot que je ne devais pas forcément connaître. Pour moi, par la suite, c'est devenu simplement « le manuscrit ». Et quand nous avons pris la fuite en pleine nuit, après que mon père m'eut confié cette valise, je l'ai trimbalée comme j'ai pu, parce qu'elle était très lourde. Même vide, elle est lourde. Mais il y avait très peu de chose dedans, en fait le manuscrit était ce qu'il y avait de plus lourd ; il y avait très peu de linge, et la petite serviette en cuir n'était pas très grande non plus. Au point que je n'avais pas pu y mettre ma poupée : quel drame, le drame de ma poupée… On est bête, hein !

Vous avez ouvert cette valise avant de l'emporter avec vous ?

Oui, pour y mettre du linge pour Élisabeth et moi. Et la valise effectivement ne m'a jamais quittée, pendant toute la cache donc, jusqu'à la fin de la guerre. Ensuite elle a été déposée chez un notaire, lorsque je suis rentrée en pension à Notre-Dame-de-Sion, après la guerre. Je ne savais pas, en fait, ce qu'il y avait précisément dedans à cette époque. Moi j'étais mineure, et c'est Julie Dumot, notre tutrice, qui s'est occupée de tout ça. J'ai récupéré la valise à ma majorité. À partir de là, elle ne m'a plus quittée, jusqu'au jour où je l'ai donnée à ma fille, qui n'avait rien de ses grands-parents ; peut-être aussi parce que je ne voulais plus la voir... Il m'est même arrivé de lui donner quasiment un coup de pied, tant elle était devenue en quelque sorte un objet fétiche aux yeux des lecteurs après la publication de *Suite française*, alors que pour moi elle représentait tout autre chose...
Bien sûr, ça avait la forme d'une valise, belle, et qui avait même dû être très belle, elle portait les initiales de mon grand-père, « L.N. » ; c'est d'ailleurs curieux de voir comme le tissu s'est bien conservé, alors qu'elle a dû faire le tour du monde avec lui, dans un sens et dans l'autre.

Julie Dumot, à la maison de
la famille Avot, près de Versailles,
après la Seconde Guerre mondiale.

Combien de temps avez-vous gardé cette valise ?

Jusqu'à ce qu'Élisabeth soit majeure, lorsque j'ai eu le droit de récupérer ce que je voulais, j'ai pu respecter la promesse faite à mon père de garder précieusement cette valise.

Denise et Élisabeth Epstein, vers 1938.

La valise ayant d'abord appartenu à Léon Némirovsky et dans laquelle le manuscrit *Suite française* fut découvert (hauteur : 28,5 cm x largeur : 49 cm x profondeur : 42 cm).

L'avez-vous ouverte ?

Oui, bien sûr, au début, puisqu'il a fallu que le testament et différents documents soient déposés chez le notaire. Quant au manuscrit, je l'ai récupéré en même temps que la valise et les papiers.

Quand avez-vous lu ce manuscrit pour la première fois ?

Des années après, en vérité. D'abord parce que nous avons pensé que c'était à la légitime propriétaire de cette valise de l'ouvrir. On a attendu tellement longtemps le retour de ma mère… On savait bien en fait ce qui lui était arrivé, mais on ne voulait pas l'admettre et on a tous fantasmé pendant des années sur un possible retour. Ce qui a le mieux marché, c'est l'explication de cette absence par l'amnésie. C'est ridicule, mais on se disait : « Ils sont amnésiques et probablement en Russie » – puisque, à la libération des camps, chaque pays avait essayé de récupérer les siens, et ma mère était d'origine russe. On a pensé ça pendant des années, à tel point que j'étais déjà mère de famille quand j'ai couru après une femme dans la rue, persuadée que c'était maman. Tout ça empêche d'ouvrir une valise.

DE GAUCHE À DROITE
Irène et Denise, vers 1931 ; Irène et Élisabeth, vers 1938 ; Michel et Denise, s.d.

Vous souvenez-vous quand vous l'avez ouverte pour de bon ?

Dès la fin de la guerre, lorsqu'il a fallu déposer le testament et les papiers administratifs chez le notaire, puis dans les années 1955-1956 pour en sortir les photos. Je les ai reprises très vite parce qu'elles sont dans l'ensemble toutes représentatives de moments heureux, sauf une.

Sauf une ?

Irène Némirovsky, s.d.

Oui, la photo terrible qui a dû être prise probablement pour le recensement, une petite photo d'identité de maman qu'on imagine complètement livide, avec un regard si triste, mal coiffée, les cheveux dans une résille, parce que maman avait une masse de cheveux très frisés – comme Élisabeth d'ailleurs – qu'elle mettait dans une résille. Mais les autres sont des photos qui vous aident plutôt à vivre : on se dit qu'on a connu des moments très heureux. Certes, maman n'a pas eu une vie linéaire : une enfance très solitaire pendant laquelle elle a assisté à la révolution russe, puis l'exil ; ensuite la folle vie, ça peut sans doute choquer, mais une vie qui l'a rendue très heureuse, pendant cette période estudiantine où elle allait de bal en bal ; et puis une vie de famille, avec son talent qui explose dès son premier livre ; et enfin, le drame : elle avait trente-neuf ans quand elle est partie…
C'est une trajectoire très dense en événements.

À quel moment allez-vous découvrir le contenu de ce fameux « manuscrit » ?

Le jour où, dans les années 1975 ou quelque chose comme ça, peut-être même en 1980, j'ai eu un début d'inondation chez moi, une machine à laver qui a débordé. Ce manuscrit, j'avais besoin de l'avoir constamment sous les yeux, de le toucher ; je ne l'ouvrais pas, mais je pouvais le toucher, le flairer presque… Et quand j'ai vu ce dégât des eaux, j'ai réalisé que c'était vraiment la seule chose qui nous restait. Avec Élisabeth, nous l'avons ouvert, refermé, ouvert, refermé. En réalité, nous avons mis très très longtemps avant d'essayer de savoir ce qui était écrit. En fait c'était la couleur de l'encre qui m'obsédait, la légendaire couleur de cette encre – que j'ai depuis essayé de retrouver, que je viens juste de retrouver –, ce bleu-des-mers-du-sud. Elle ne pouvait écrire qu'avec cette encre et je me rappelle le drame que ce fut quand on n'a plus retrouvé cette encre-là ; il y a d'ailleurs quelques passages de *Suite française*, si mes souvenirs sont exacts, qui sont à l'encre noire. En tout cas, pour elle, c'était essentiel, tout comme ces stylos que mon père lui offrait avec de petits noms pour chacun. Je ne les ai pas retrouvés. Dans son dernier petit mot au crayon, depuis la gendarmerie, maman les réclamait.

C'est donc votre père qui a tapé le manuscrit de Suite française *?*

Oui, il a tapé une partie de *Suite française* qui était sa version à lui, sa version corrigée.

Michel Epstein et Irène Némirovsky, s.d.

Cette première transcription était-elle aussi dans la valise ?

Non, elle était avec le reste des autres papiers, avec des annotations attendrissantes du style : « C'est stupide. »

Votre père était donc le premier lecteur de votre mère ?

Toujours, pour tout. On a retrouvé le début de *Chaleur du sang*, dont j'avais deux ou trois feuillets que mon père avait tapés, le reste se trouvant en fait dans les archives confiées au bon soin de l'éditeur et ami de maman, André Sabatier, alors directeur littéraire des éditions Albin Michel ; le manuscrit a été ensuite repéré par Olivier Philipponnat et Patrick Lienhardt dans les archives historiques de la maison d'édition lorsque celles-ci ont été confiées à l'IMEC voilà quelques années. Ce fut incroyable de pouvoir relier ma partie avec la leur : pas un mot ne manquait. J'avais retrouvé aussi des petits cahiers d'écolier dans lesquels mon père avait traduit du russe, très certainement pour ma mère, une vie de Pouchkine.

Quand et où avez-vous trouvé ces cahiers d'écolier ?

Denise et Élisabeth Epstein, 1945

Eh bien, après, quand on a récupéré ce que nous n'avions pu prendre avec nous la nuit du départ… Je ne savais pas du tout ce qui avait pu partir d'Issy-l'Évêque… Nous sommes parties avec le minimum en pleine nuit, jusqu'à la gare, prendre le train pour Bordeaux ; mais après, certaines choses qui étaient dans cette maison d'Issy-l'Évêque ont suivi Julie Dumot, je ne sais pas du tout où elle a déposé tout ça. J'étais encore une enfant, elle ne me disait rien de ce qu'elle faisait et je suis sûre que beaucoup de choses ont disparu, dans la mesure où, bien après la guerre, dans les années 1960, je suis allée sans prévenir dans une famille près de Bordeaux où j'avais été accueillie avec cette Julie Dumot, sans doute chez des cousins à elle, je ne sais plus très bien.

Dans une famille où vous étiez cachée avec votre sœur ?

Denise Epstein, 1950

Dès que votre sœur a accédé à la majorité, vous avez donc entrepris de rassembler ce patrimoine qui avait été éparpillé ?

Porte-monnaie ayant appartenu à Irène Némirovsky.

Vous y êtes allées toutes les deux ?

Lorsque vous étiez en pension, où était la valise ?

En tout cas, nous y sommes passées. Cachées ? Je ne m'en souviens pas… Mais c'est certain, j'y ai vu des objets de chez moi, dont un tabouret que j'ai pris immédiatement sous le bras parce que, pour moi, il était lié à maman quand elle écrivait… Je l'ai pris et j'ai dit : « Ça, c'est à ma mère. » Je sais qu'énormément de choses ont été distribuées, exploitées même puisque quelqu'un est allé jusqu'à tenter de se faire passer pour l'auteur d'un manuscrit de maman qui avait été retrouvé. J'ai découvert tout ça quand j'ai commencé à récupérer justement ces papiers et la version corrigée par mon père de *Suite française*…

Tout a d'abord été réuni chez moi et on a fait des doubles pour l'une et pour l'autre. Mais c'était une époque où Élisabeth se protégeait à sa manière ; elle ne voulait pas en entendre parler, et elle me considérait aussi comme la dépositaire, parce que j'avais connu nos parents plus longtemps qu'elle – j'étais l'aînée, avec une grosse différence d'âge, sept ans et demi – et qu'elle n'avait pas de souvenirs d'eux, me disait-elle. Nous n'avions pratiquement pas le même passé, car nous avons été séparées très vite, dès après la guerre, en fait. À cette époque, un conseil de famille a été constitué, avec l'éditeur Albin Michel, avec la banque où mon père avait été fondé de pouvoir, la Société des gens de lettres également, puisque nous étions pupilles de la nation. C'était terrible, il fallait nous mettre quelque part, nous n'avions plus personne, plus d'appartement, plus de famille ; ils ont choisi un pensionnat religieux, catholique, Notre-Dame-de-Sion, dont le siège est rue Notre-Dame-des-Champs.

Oui, mais Élisabeth était assez dissipée [*rires*], et elle s'est fait renvoyer assez vite. Entre-temps, notre tutrice, Julie Dumot, s'était envolée pour les États-Unis, d'où elle n'a plus jamais donné signe de vie. L'autre tuteur, que je n'ai jamais vu, était lui aussi parti aux États-Unis ; donc il ne restait que les éditeurs, la banque, la Société des gens de lettres.

Chez le notaire, je n'avais pas le choix.

À quel moment et pourquoi avez-vous estimé qu'il était temps d'aller regarder de plus près ce qu'il y avait dedans ?

Vous avez commencé par le lire, et ensuite vous l'avez retranscrit ?

Les deux premières pages manuscrites de *Suite française*.

J'ai commencé à l'ouvrir petit à petit. Mais j'avais peur. Ce qui nous a retenues longtemps, Élisabeth et moi, c'était avant tout l'idée qu'il s'agissait d'un journal intime ; je l'ai d'abord feuilleté, et puis les larmes sont venues très vite au début. Je l'ai donc refermé parce que j'avais peur de voir l'encre disparaître. D'ailleurs je me demande s'il n'y a pas des endroits un peu délavés à cause de mes larmes. Et puis c'est à ce moment-là qu'on a fait la connaissance de l'IMEC, par l'intermédiaire de l'éditeur Jean-Luc Pidoux-Payot, qui était le meilleur ami de ma sœur, et de Jean Gattégno, directeur du Livre au ministère de la Culture, un ami d'Élisabeth qui était son éditrice.

Nous avons trouvé toutes les deux que l'IMEC était ce qui pouvait sauver notre mère pour toujours de l'oubli. Cette décision a été l'élément déclencheur qui a fait que je ne pouvais laisser partir ce manuscrit sans savoir ce qu'il y avait dedans. Voilà. Par ailleurs Élisabeth s'était attelée à son projet du *Mirador*. J'ai terminé la transcription du manuscrit, ce qui m'a pris deux ans et demi, avant la sortie du *Mirador*. Élisabeth a donc lu *Suite française*, simplement elle ne voulait pas qu'il soit publié au même moment que son livre, c'est tout.

Non, je ne peux même pas dire que je le lisais, je comparerais ça plutôt à un travail de scribe qui recopie sans savoir, sans comprendre, avec un seul objectif : ne rien oublier, pas même une virgule. C'était difficile. Et de temps en temps quand même des choses amusantes survenaient, par exemple le fait que je n'avais pas vu la seconde partie intitulée *Dolce* : je croyais qu'il n'y avait que *Tempête en juin*, tout simplement parce que tout un lot de pages blanches séparait les deux grandes parties de *Suite française*, la troisième, *Captivité*, n'étant, elle, qu'à l'état d'ébauche… C'était tellement douloureux… D'abord, je ne me rendais pas compte, enfin si, je savais bien à la fin que c'était un roman et qu'il s'agissait de l'exode ; je mettais un nom sur chaque personnage : je les connaissais tous ! Un seul me posait problème, c'était l'amateur de porcelaine, et les biographes, eux, ont fait un rapprochement avec un journaliste d'extrême droite de l'époque. Mais ce sont eux qui ont fait ce travail, pas moi.

Avez-vous alors tout retranscrit, c'est-à-dire l'intégralité du roman et le journal ?

À partir du moment où nous avons décidé de confier tout le fonds d'archives à l'IMEC, je voulais en garder des traces, donc j'ai tout recopié, avant de le transmettre.

Vous le donniez à lire à votre sœur au fur et à mesure de la transcription ?

J'ai d'abord transcrit *Tempête en juin*, et puis je me suis arrêtée car en même temps je faisais des recherches à la Bibliothèque nationale pour retrouver dans la presse de l'époque toutes les nouvelles qu'elle avait publiées, ainsi que ses interviews, ce qui a également été un travail très long. Et puis j'ai refermé le cahier, et puis je l'ai rouvert, et puis en l'ouvrant je suis tombée sur *Dolce*, m'étant initialement arrêtée aux pages blanches qui, comme je vous l'ai dit, en fait séparaient les deux parties. Ce fut difficile, vraiment ; oui, plus difficile qu'enthousiasmant. En fait je peux même dire que ce fut profondément douloureux. Et lorsque j'ai vu *Dolce*, j'ai repris la transcription et ensuite le manuscrit a rejoint l'IMEC, de chez moi à Toulouse, pour qu'il retrouve le reste des archives ; ça s'est passé dans les larmes lorsqu'un représentant de l'IMEC est venu le chercher.

Comment la décision de publier Suite française *a-t-elle été prise ?*

Je me rappelle qu'Olivier Corpet a été la première personne à le lire après Élisabeth et moi, à travers ma retranscription, et à nous dire qu'il faudrait un jour publier ce texte. Je n'avais pas envisagé encore cette possibilité d'édition en fait, et puis Élisabeth ne voulait pas qu'il soit édité.

Le « cahier » recouvert de cuir du manuscrit de *Suite française*.

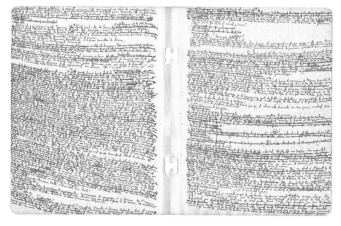

Pages du manuscrit de *Suite française*.

Pour quelles raisons ?

Difficile de répondre. On peut, bien entendu, penser qu'à ce moment de sa vie où elle allait justement à la rencontre de cette mère absente et inconnue, et où se manifestait son propre besoin d'écriture, elle pouvait se sentir piégée par une autre écriture, même si elle écrivait elle-même magnifiquement bien ; mais je pense surtout qu'elle le trouvait – et elle n'avait pas tort – bâclé, même si ce n'est pas exactement le mot, et c'est vrai qu'il y a des passages que maman aurait sûrement retravaillés. Mais, voilà, maman avait également inscrit le mot « fin » après les dernières lignes de *Dolce*. Ça a fait aussi partie de mes scrupules par la suite : est-ce que maman l'aurait laissé publier en l'état, quand on connaît son perfectionnisme – il n'y a qu'à voir le manuscrit de *Suite française*, surtout *Tempête en juin*, comme il est griffonné, raturé ; *Dolce* est moins corrigé, dans la mesure où elle avait ce sentiment, cette prescience qu'elle n'aurait pas le temps de le retravailler. C'est un scrupule qui honorait Élisabeth et cela a peut-être joué ; quant à moi, j'étais vraiment trop impliquée dans cette histoire, affectivement, par les images que ces pages déclenchaient en moi.

Élisabeth Epstein, âgée de 16 ans, Versailles, 1953.

Qui plus est Élisabeth était éditrice…

Et de talent ! Je lui faisais une confiance totale. Je considérais *Suite française* comme inachevé. Avait-on le droit de le publier tel quel, dans cet état d'inachèvement ? C'était une question vraiment de scrupules, et c'est pour cette raison, en tout cas, qu'il a « vécu » si longtemps dans mes tiroirs, voilà.

Il y a donc eu plusieurs déclencheurs dans cette affaire : celui pour ouvrir la valise, celui pour lire le manuscrit, et enfin celui pour le publier ?

Pour publier le manuscrit, il a suffi d'une rencontre tout simplement, à Toulouse, à la librairie Ombres blanches, dont je suis une fidèle cliente. Myriam Anissimov était venue présenter sa biographie de Romain Gary. Je la connaissais depuis longtemps : Myriam nous avait interviewées au moment de la reparution des romans de ma mère dans la collection des « Cahiers rouges » chez Grasset, et à l'époque elle avait publié un très grand article dans *Le Matin*. Au cours de ces interviews, évidemment nous avions fait connaissance, et donc par sympathie je suis allée l'écouter ce soir-là. Après la conférence, nous avons bavardé d'une manière tout à fait, je ne dirais pas mondaine, mais de tout et de rien :

« Que fais-tu ? » « Pas grand-chose, mais j'ai la conscience tranquille maintenant, j'ai fait publier les derniers textes de ma mère. » Je pensais aux nouvelles que j'avais données à un éditeur de province, toulousain lui aussi, responsable des éditions Sables. Et je lui dis : « Maintenant je n'ai malheureusement plus rien qu'un manuscrit mais impubliable… » Là, c'est elle qui a insisté : « Un manuscrit de ta mère ? » J'ai dit : « Oui, mais il n'est pas fini, il n'y a que deux volumes sur cinq. » Elle me demande alors : « De quoi parle-t-il ? » Je lui réponds : « De l'exode et de l'arrivée des troupes allemandes dans un village français », et c'est elle qui me lance, pour finir : « J'appelle mon éditeur ! »

Je ne savais pas du tout qui était l'éditeur en question. Concernant Denoël, j'en étais restée à l'époque où Élisabeth y dirigeait la collection « Présence du futur ». Je ne connaissais plus la maison, je ne savais pas du tout qui la dirigeait à ce moment-là. Et donc on me passe un certain Olivier Rubinstein, son directeur, très ému au téléphone, et qui me dit : « Est-ce que je pourrais le lire ? » À quoi je lui réponds : « Écoutez, il n'est pas fini, simplement si vous le lisez, je veux que vous ayez le regard d'un éditeur sur un écrivain, et non sur une victime. » Il me dit oui. Deux jours après, Olivier Rubinstein m'a demandé de venir à Paris, je n'ai même pas eu le temps de réfléchir. Je lui ai fait part de mes scrupules, surtout pour le dossier concernant les rapports entre ma mère et son éditeur, Albin Michel, qui figure à la fin de *Suite française*. D'une part celui-ci ne nous appartenait pas, il appartenait à l'éditeur qui nous l'avait gentiment confié au moment où Élisabeth faisait ses recherches pour *Le Mirador* ; d'autre part j'avais montré ce dossier à Olivier Rubinstein non pour qu'il le publie, mais pour qu'il connaisse mes parents, pour qu'il se rende compte de l'amour que mon père avait pour sa femme à travers des courriers souvent dramatiques. Je lui avais donc montré ces documents dans ce but, et c'est lui qui m'a dit qu'il fallait également les publier. Nous avons contacté Albin Michel, puisque c'était Francis Esménard qui était dépositaire de ce dossier, et lui avons demandé l'autorisation de l'utiliser ; il nous a avoué que son père le lui avait confié depuis des années et qu'il ne l'avait jamais ouvert. Très généreusement ensuite, il nous a accordé ce que nous lui demandions.

Michel Epstein et Irène Némirovsky, s.d.

Il semble qu'en revanche il n'avait aucun souvenir des quatre boîtes que nous avons retrouvées par la suite dans les archives historiques d'Albin Michel, lorsque celles-ci ont été confiées à l'IMEC ?

En tout cas, il ne nous en a jamais parlé. Je suis toujours restée très extérieure au monde de l'édition, je ne vivais plus à Paris depuis longtemps, et ce n'était pas vraiment une ambiance où je me sentais à l'aise. Je pense que, si Élisabeth avait eu connaissance de ces boîtes, elle les aurait sûrement utilisées, et elle me l'aurait dit. Je pense que personne ne savait qu'il y avait encore des cartons. Et voilà comment ce qui a attendu des années et des années s'est fait en l'espace de 48 heures. Après, j'ai été complètement dépassée par tout ce qui arrivait. Mais c'est là une autre histoire : celle des suites de *Suite française*.

Les suites de l'ouverture de la valise…

Les suites de l'ouverture de la valise, en effet, qui sont peut-être quelquefois aussi lourdes que l'était la valise.

Finalement, est-ce que vous avez le moindre regret de vous être forcée à ouvrir cette valise ?

Manuscrit original hors-texte pour *Tempête en juin*, partie de *Suite française*.

Ça dépend des jours, mais dans l'ensemble je suis heureuse que ma mère soit reconnue maintenant dans le monde entier, dans trente-cinq pays, qu'elle soit étudiée dans les collèges, dans les lycées, dans les facultés. Je ne l'avais pas prévu parce que je n'ai pas l'esprit assez tortueux, je pense ; mais je me doutais bien qu'un jour il y aurait des retours difficiles, bien des choses à gérer. Tant de projets autour et à partir de *Suite française*, au cinéma, au théâtre, à l'opéra.

Reste que tout cela est magnifique, et je suis pleine de gratitude envers tous ceux qui participent à cette renaissance de ma mère.

Parmi ces projets, j'ai une attention particulière pour les Deschamps, qui avaient un moment le projet de monter *Le Bal* à l'Opéra-Comique. Les Deschamps, en effet, c'est la famille Péricand dans *Suite française*. C'est Jérôme Deschamps lui-même qui a reconnu sa famille ; c'était très drôle parce que je n'ai jamais donné les noms des personnages du livre, tout simplement parce que les personnages du livre ne sont pas beaux dans l'ensemble, et que les générations qui suivent n'ont pas à payer les comportements de leurs parents. Je ne dévoile donc jamais aucun nom. Mais comme c'est lui qui s'est reconnu, je le lui ai confirmé : « Oui, c'est bien votre famille. »

Est-ce que vous ne craignez pas que le succès de Suite française, *qui fait fonction maintenant de livre-culte et qui a apporté une reconnaissance réelle à votre mère, ne se soit bâti aux dépens du reste de l'œuvre ?*

On ne peut pas dire ça pour le moment ! Tout a été réédité et tout se lit aussi bien en France qu'à l'étranger – c'est justement dû à *Suite française.* Tous ces livres n'ont pas la même valeur certes, mais justement les lecteurs sont intéressés par l'évolution des romans. Le style, lui, est unique. Mais bien sûr, il y a des livres de maman que j'aime plus que d'autres.

Couverture de l'édition française de *Suite française*, 2004.

Par exemple ?

Parmi ceux que j'aime le plus, il y a ceux qui traitent des personnages déséquilibrés, russes, exilés… En revanche, je ne me sens pas du tout à l'aise quand elle évoque la bourgeoisie française. Personnellement j'ai beaucoup plus d'atomes crochus avec ce monde un peu perdu, un peu désespéré, je m'y sens beaucoup plus à l'aise qu'avec des gens qui déjeunent tous les jours aux mêmes heures, qui respectent des rites comme les visites du dimanche…

Et avec David Golder *?*

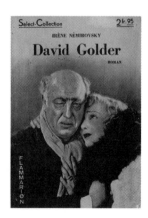

Nouvelle édition illustrée de *David Golder*, vers 1939.

Avec *David Golder*, j'ai eu des problèmes à différentes étapes de ma vie, des problèmes personnels, des problèmes moraux. Je suis juive d'après la Shoah, et la douleur a commencé quand je faisais mes recherches à la Bibliothèque nationale et que j'étais obligée, ne sachant pas où j'allais trouver ses articles, de feuilleter des journaux infâmes. Toutefois, si on analyse d'un peu plus près ces publications, on voit la dichotomie qu'il y avait dans ces journaux entre la partie politique, qui était souvent horrible, et la partie littéraire, où on trouvait tous les noms possibles. On parle surtout de maman maintenant parce qu'il y a cette campagne sur son prétendu antisémitisme, mais Stefan Zweig a écrit dans *Gringoire* comme tous les auteurs importants de l'époque, beaucoup de grands auteurs, juifs et non juifs !

Irène Némirovsky, vers 1940.

Est-ce que vous avez l'impression qu'il y a un malentendu dans la réception de Suite française, *sinon en France, du moins à l'étranger ?*

Carte de France avec les principales villes et les fleuves, dessinée par Denise Epstein sur une page du « cahier » de sa mère pour *Suite française.*

Je me disais, mais comment a-t-elle pu utiliser tel ou tel terme… Ça a été très difficile. Il fallait aussi que je me resitue dans l'époque, mais là c'était l'affectif qui jouait. Reste qu'il y a des livres de maman que j'adore vraiment comme *La Vie de Tchekhov*, dont on ne parle jamais et qui pourtant est magnifique, et puis *Le Vin de solitude*, *Les Mouches d'automne* ou *Les Chiens et les Loups*… Alors que, par exemple, les derniers ouvrages comme *Les Biens de ce monde*, ça m'amuse, mais enfin bon…, je pense qu'elle a voulu s'immerger dans cette bourgeoisie française qu'elle admirait parce qu'elle pensait qu'on était plus heureux en menant une vie sage, calme, équilibrée, ce qui pourtant n'est pas drôle du tout, je trouve. Je n'aime pas ça. En revanche, j'aime bien la nuit, le monde de la nuit…

J'ai l'impression, après avoir beaucoup voyagé, que chaque pays a reçu *Suite française* selon son propre vécu, sa propre expérience historique. On ne peut donc pas généraliser. L'Angleterre, par exemple, avait du mal à admettre la débâcle de l'armée française, du fait que juste un mois après le déclenchement des hostilités les militaires se rendaient ou se retrouvaient sur la route de l'exode, partaient non pas du côté du front, mais à l'opposé. Alors qu'eux, en Angleterre, ils avaient vécu une guerre très dure où Londres a été bombardé mais où tout le monde est resté là ; ils portaient un jugement très dur sur ce comportement de fuite, mais ce que je leur ai dit et qui fait l'importance de *Suite française*, c'est qu'ils ne savent pas ce qu'est un pays occupé, ce qui fait toute la différence dans le regard qu'on peut porter sur *Suite française* et sur ce qui est arrivé ensuite à maman. En Finlande, ce qui a marqué, c'est le fait que ma mère soit passée par leur pays et que, dans une nouvelle, elle parle de cette fameuse librairie immense à Helsinki, où je suis allée, et où, comme maman le disait à l'époque – elle avait alors dix-sept ans –, elle avait trouvé toute la littérature française qu'elle adorait. En Suède, ça a été pareil : maman, pensaient-ils, avait sûrement été hébergée, sa famille en tout cas, au fameux Grand Hôtel de Stockholm, qu'on m'a fait visiter de fond en comble, persuadés qu'ils étaient que, de toute façon, c'était le passage obligatoire des Russes argentés fuyant la révolution. En ce qui concerne l'Espagne, je me suis souvent demandé pourquoi ils étaient aussi passionnés, car ce sont eux qui achètent tous les livres de maman, souvent les premiers. Eh bien, pour eux, quand je leur pose la question, c'est étrange, mais c'est la mort ; le lien qu'ils font entre une Juive russe et eux, c'est la mort. J'ai donc appris de tous les pays...

Et les États-Unis ?

Élisabeth Epstein-Gille, auteur et éditeur aujourd'hui décédée, à son bureau des éditions Julliard en 1990.

Denise Epstein parcourant le manuscrit de *Suite française*, à l'IMEC, institut d'archives installé à l'abbaye d'Ardenne en Normandie, en 2004.

Aux États-Unis, j'ai eu beau leur expliquer que ce sont des historiens américains comme Robert Paxton qui ont commencé les premiers à travailler sur l'histoire de la Seconde Guerre mondiale en France, et sur Vichy, ils étaient eux aussi scandalisés. Certes, il y avait aussi parmi eux une bonne partie d'un public juif et, lorsque je suis allée aux États-Unis en 2005 – c'était l'époque des incidents dans les banlieues en France – c'est tout juste si on ne m'a pas proposé l'asile politique [*rires*]. C'était vraiment assez incroyable, ils n'arrivaient pas à croire à la collaboration, et il fallait faire très attention et leur expliquer qu'un pays n'est jamais ni tout noir ni tout blanc, et que s'il y a eu effectivement beaucoup de dénonciations en France, il y a eu aussi des gens qui nous ont sauvé la vie...

Chaque pays a vraiment eu un regard très particulier. En France, ce livre a favorisé des choses assez extraordinaires. Il a permis de se questionner à l'intérieur des familles, à des familles de s'ouvrir. C'est arrivé également aux Pays-Bas et je me rappellerai toujours d'un couple âgé : le monsieur était vraiment dans un triste état, il ne voyait plus ; ils étaient venus un soir m'écouter à l'Institut français et, le lendemain, je les ai retrouvés dans une librairie où la dame m'a dit en pleurant : « Merci, parce que dès qu'on est rentrés, mon mari m'a demandé d'ouvrir une valise et d'en tirer des vieux cahiers et il m'a demandé de les lui lire, ce que je viens de faire toute la nuit. » Donc, ne serait-ce que pour quelques faits comme ça, je trouve que ça valait la peine d'ouvrir un jour cette valise que mon père m'avait confiée.

Propos recueillis par Emmanuelle Lambert et Olivier Corpet, dans les bureaux de l'IMEC, le 21 février 2008, revus et corrigés par Denise Epstein.

CI-DESSUS
Les deux frères Epstein, Paul (né en 1900) et
Michel (né en 1896), vers 1904-1905.

À DROITE
Michel Epstein, Annecy, s.d.

CI-DESSUS
La tante d'Irène Némirovsky, Victoria
Margoulis (la plus jeune sœur d'Anna), avec
ses enfants Iakov et Elena, s.d.

À DROITE
Irène Némirovsky, vers 1924.

CI-DESSUS
Irène Némirovsky, avec ses parents Léon et
Anna, ainsi que les grands-parents maternels
Jonas et Bella Margoulis, dans le sud de la
France, vers 1922-1923.

À DROITE
Michel Epstein et Irène Némirovsky,
vers 1926

CHRONOLOGIE

DE LA VIE

d'IRÈNE NÉMIROVSKY

par Olivier Philipponnat

1648

10 JUIN

Le pogrom de Nemirov, en
Ukraine, sous la conduite
du chef cosaque Chmielnicki,
fait quelque six mille victimes
juives.

1791

L'impératrice Catherine II impose
aux Juifs de Russie une « zone de
résidence » à l'ouest de l'Empire,
à l'exception des grandes villes,
notamment Kiev.

NOTE : Les citations en italiques
sont tirées de l'œuvre d'Irène
Némirovsky.

1847

Naissance à Odessa de Jonas
Margoulis,↑ surnommé
Iona ou Johann. Grand-père
maternel d'Irène Némirovsky,
il lui récitera Racine, Hugo,
etc. *« C'était le seul qui parlât
parfaitement français. Il disait :
"Ma petite* file *" en appuyant
fortement sur la dernière syllabe
ainsi transformée »* (Journaux de
travail, 1934/IMEC).

1854

Naissance à Ekaterinoslav
de Rosa Chtchedrovitch,↓
dite « Bella », sa grand-mère
maternelle. *« Pauvre femme, petite,
mince, fluette, […] un visage effacé
comme une vieille photographie,
les traits flous, jaunis, délayés dans
les larmes »*
(Journaux de travail, 1934/IMEC).

1868

1er SEPTEMBRE

Eudoxia donne un fils à Boris Némirovsky : Leonid Borisovitch Némirovsky, ↓ « petit Juif obscur » né à Elisavetgrad, sera orphelin à dix ans. Il sera successivement garçon de courses dans un hôtel, commis dans une fabrique de Lodz, gérant d'un entrepôt à Odessa, entrepreneur en allumettes et financier. *« Le seul dont j'aie senti que je sois sortie, mon sang, mon âme inquiète, ma force et ma faiblesse »* (Journaux de travail, 1934/IMEC). Surnommé « l'Arabe », comme Pouchkine, à cause de son teint : sa fille Irène Némirovsky héritera de son hâle.

c. 1875

Naissance d'Anna Margoulis, ↑ sa mère, qui se fera appeler Fanny ou Jeanne, à la française, et fera modifier son état civil pour se rajeunir de douze ans. *« Je retrouve très bien l'image de ma mère. Comme c'est drôle que, jusqu'à présent, je ne puisse pas écrire ce mot sans haine »* (Journaux de travail, 1934/IMEC).

1893

Naissance de Victoria (Vika) Margoulis, sœur cadette d'Anna, qu'Irina considérera toujours comme sa propre sœur.

Elles correspondront jusqu'en 1940. *« Ma tante était jolie, avait la peau douce et la taille svelte, et pas plus d'esprit qu'une fleur »* (« Le Sortilège », *Gringoire*, 1er février 1940).

c. 1902

Mariage d'Anna Margoulis et Leonid Némirovsky.

1903

11 FÉVRIER

Naissance d'Irina Irma Némirovsky à Kiev, fille unique de Leonid Némirovsky et Anna Margoulis. Elle est surnommée « Irotchka », ou « Irinouchka ».
Une gouvernante française d'une cinquantaine d'années, « Zézelle », sera chargée de son éducation : *« Dans mon enfance, elle représentait le refuge, la lumière. [...] Je n'aimais vraiment qu'elle au monde »* (Journaux de travail, 1934/IMEC).
Zézelle lui apprendra *La Marseillaise* et les comptines françaises. *« J'ai parlé le français avant de parler le russe »* (Interview, *Les Nouvelles littéraires*, 6 avril 1940).

De gauche à droite, Irène Némirovsky, « Zézelle » et Victoria Margoulis, s.d.

1905

17 OCTOBRE

Suite aux journées révolutionnaires, Nicolas II publie le Manifeste qui institue la Douma d'Empire et garantit l'égalité et les libertés civiles.

18 OCTOBRE

Pogroms antijuifs de Kiev et Odessa. Irina, une croix orthodoxe au cou, est cachée derrière un lit par la cuisinière Macha. « *Ça, ce sont des vitres qu'on brise. Tu entends les éclats qui tombent ? Ça, ce sont des pierres qui volent, sur les murs, sur les rideaux de fer du magasin. Ça, c'est la foule qui rit. Et une femme qui crie comme si on l'éventrait. Pourquoi ? »* (*Les Chiens et les Loups*, 1940). Suite à ces troubles, 200 000 Juifs russes choisiront l'exil.

C. 1910

Les Némirovsky, Victoria, Iona et Rosa Margoulis s'installent dans le quartier huppé de Petchersk. Jusqu'en 1914, nombreux séjours à Paris, dans les villes d'eaux (Vichy, Divonne, Plombières, Vittel), sur la Côte d'Azur (Cannes, Nice) et sur la côte basque (Biarritz). L'été, séjours balnéaires en Crimée, à Yalta et Alouchta. Irina est élevée par des précepteurs, dont l'un est socialiste-révolutionnaire.

1911

Habillée d'une réplique du costume porté par Sarah Bernhardt, elle récite la tirade de *L'Aiglon* de Rostand à la fête de charité du Home français de Kiev, devant le général-gouverneur Vladimir Soukhomlinov. ↑ « *J'étais très émue de me trouver en face de cet être qui, pour nous, symbolisait la terreur, la tyrannie et la férocité. À ma grande surprise, je vis un homme charmant qui ressemblait à mon grand-père et qui avait les yeux les plus doux qu'on puisse voir »* (interview, Radio-Paris, 2 juin 1933).

JUILLET

Mendel Beiliss, ouvrier juif de Kiev, est accusé du « meurtre rituel » d'un enfant chrétien. L'affaire déchaîne une vague d'antisémitisme en Russie.

1er SEPTEMBRE

Assassinat du Premier ministre Stolypine à l'Opéra de Kiev.

Irène Némirovsky et sa mère, Anna, vers 1912-1913.

1906

FÉVRIER

Assiste au carnaval de Nice, son plus ancien souvenir, qui lui inspirera en 1932 un scénario original.

Elle lit *Guerre et Paix*, le *Mémorial de Sainte-Hélène*, Stendhal, Balzac, Maupassant, Rostand : « *À cette époque, j'étais folle d'Edmond Rostand »* (interview, Radio-Paris, 2 juin 1933).

1914

Installation des Némirovsky à Saint-Pétersbourg, capitale d'Empire, dans une « incohérente demeure », 18, perspective des Anglais. Irina apprend le piano. Leonid, devenu président de la Banque de commerce de Voronej, administrateur de la Banque de l'Union de Moscou et de la Banque privée de commerce de Saint-Pétersbourg, se rapproche des milieux gouvernementaux. *« L'or ruisselait, le vin coulait »* (*Le Vin de solitude*, 1935).

Témoin des infidélités de sa mère, Irina conçoit pour elle une « haine abominable » (*L'Ennemie*, 1928). *« Dans chaque famille il y a le lucre seulement, le mensonge et l'incompréhension mutuelle. C'est partout pareil. Et chez nous aussi, c'est pareil. Le mari, la femme et l'amant »* (*Le Vin de solitude*, 1935).

1ᵉʳ AOÛT

L'Allemagne déclare la guerre à la Russie.

3 AOÛT

L'Allemagne déclare la guerre à la France.

18 AOÛT

Saint-Pétersbourg est rebaptisé Petrograd.

EN HAUT
Irène Némirovsky et sa mère, Anna, s.d.

À GAUCHE
Irène Némirovsky, vers 1912–1913

1916

16 DÉCEMBRE

Assassinat de Raspoutine, « ami » de l'impératrice et conseiller de la cour.

1917

Journées révolutionnaires. Irina assiste à la grande manifestation des femmes (23 février), puis au simulacre d'exécution du dvornik Ivan, concierge de son immeuble. *« Ce fut ce jour-là, ce fut en cet instant-là que je vis naître la révolution. J'avais vu le moment où l'homme ne s'est pas dépouillé encore des habitudes et de la pitié humaine, où il n'est pas encore habité par le démon, mais où déjà celui-ci s'approche de lui et trouble son âme »* (« Naissance d'une révolution », *Le Figaro littéraire*, 4 juin 1938).

Suicide de « Zézelle », par noyade dans les eaux de la Neva. *« Je n'ai plus envie de l'appeler Zézelle, c'est trop sacré. Je verrai. Mademoiselle Rose, c'est bien aussi »* (Journaux de travail, 1934/IMEC).

20 MARS

Le gouvernement provisoire du prince Lvov abolit les « restrictions confessionnelles » imposées aux Juifs.

3 AVRIL

Retour de Lénine en Russie.

25 OCTOBRE
Putsch des bolcheviks.
Les Némirovsky se sont installés
à Moscou, dans un appartement
sous-loué à un chevalier-garde.
Irina lit Huysmans, Maupassant,
Oscar Wilde, Platon.

DÉCEMBRE
Le système bancaire russe est
déclaré monopole d'État.

1918

JANVIER
Les Némirovsky gagnent en
traîneau le village de Mustamäki
(Iakovlevo), à la frontière finlandaise,
et s'installent dans une auberge en
rondins avec une poignée
d'exilés. Irina y lit Balzac, Dumas,
Gautier. Rudolf (« Roudia »), un
homme marié, lui donne son premier
baiser et éveille en elle *« toutes les
sensations poétiques et exaltantes
de l'amour »* (Journaux de travail,
1933/IMEC).
Premiers poèmes en langue russe :
*« Née parmi tous ces gens différents/Il
me semble parfois que je suis
étrangère/Et qu'il m'est prédit un
autre destin/Auquel je consacre tous
mes rêves »* (Carnet/IMEC).

AVRIL
Fuyant les combats de la guerre
civile, les Némirovsky gagnent
la capitale finlandaise, Helsingfors
(Helsinki). Irina découvre les
auteurs français modernes.
En Russie, les conseils
d'administration du secteur
bancaire sont dissous par décret.

1919

MARS
Les Némirovsky quittent Helsingfors
pour la capitale suédoise,
Stockholm. *« Je suis arrivée un
matin d'hiver, de pluie glacée mêlée
de neige, de vent sauvage. […]
Stockholm me paraissait noir, froid,
triste »* (interview, *Nord-Sud*,
15 février 1930).

FIN JUIN
Départ en cargo de Norrköping.

CI-DESSUS
Le Grand Hôtel de Stockholm, vers
1902.

À GAUCHE
Irène Némirovsky vers 1917.

JUILLET

Arrivée à Rouen, en France,
au terme d'une traversée de
« *dix jours sans escale, avec une
effroyable tempête dont je dois m'être
souvenue dans* David Golder »
(interview, *Les Nouvelles littéraires*,
11 janvier 1930). Les Némirovsky
s'installent dans un appartement
meublé, 115, rue de la Pompe.
« *J'avais déjà séjourné à Paris tout
enfant. En y rentrant, j'ai trouvé
les souvenirs qui m'attendaient* »
(entretien, *Revue des Deux Mondes*,
1936). Irina est confiée à une gouvernante anglaise, Miss
Matthews, dont elle prend aussitôt
en grippe la « *longue figure de cheval* »
(*L'Ennemie*, 1928).
Elle lit Proust, Larbaud, Chardonne,
Maurois, Toulet, les frères Tharaud.

Léon reconstitue sa fortune
à partir de la succursale
parisienne de la Banque de l'Union
et siège au Comité des banques
commerciales russes présidé par
le comte Kokovtzov. Il est accusé
à tort d'avoir spéculé sur le rouble
pour le compte des bolcheviks
durant son séjour à Stockholm.

EN HAUT
Irène Némirovsky, vers 1919

À GAUCHE
De gauche à droite, Miss Matthews,
Irène Némirovsky et Léon Némirovsky,
vers 1920.

CI-CONTRE ET PAGE DE DROITE
Irène Némirovsky et son père, Léon
Némirovsky, s.d.

1920

FÉVRIER

Séjour à Nice. Irène sympathise avec Olga Boutourline, future princesse Obolensky.

NOVEMBRE

Les Némirovsky emménagent dans un hôtel particulier, 18, avenue du Président-Wilson. Irène fréquente la colonie russe et sympathise avec Choura Lissianski (qu'elle hébergera au début des années 1930), Mila Gordon, Daria Kamenka. Elle s'inscrit à la Sorbonne en littérature russe, lit Merejkovski, Balmont, Kliouiev et les poètes du Siècle d'argent. Court les bals, les boîtes et les cabarets de Montmartre. *« Je n'ai nullement méprisé les plaisirs de la jeunesse, j'ai beaucoup voyagé et beaucoup dansé ! »* (entretien, *Marianne*, 13 février 1935).

EN HAUT
Irène Némirovsky, Nice, vers 1920

À GAUCHE
Alexandre « Choura » Lissianski, s.d.

1921

À la Sorbonne, Irène sympathise avec René Avot, fils d'un industriel du Pas-de-Calais, et avec sa sœur Madeleine. Virées en voiture au Touquet, à Deauville, Juan-les-Pins, Saint-Jean-de-Luz, Hendaye… Premiers textes en français, une série d'« apophtegmes » consignés dans un calepin noir : *« Si le bonheur n'existe pas, il y en a du moins une contrefaçon assez exacte ici-bas – créer »* (Carnet/IMEC).

1ᵉʳ AOÛT

Le « magazine gai » *Fantasio* publie un des quatre dialogues comiques écrits par Irène Némirovsky, « Nonoche chez l'extralucide » → (inédit). Cette saynète est signée « Topsy », du surnom que lui a donné Mrs Matthews. *« J'étais encore une gosse, j'avais les cheveux dans le dos et une respectable Anglaise m'accompagnait partout »* (interview, *Les Nouvelles littéraires*, 2 novembre 1935).

SEPTEMBRE

Inscription à la Sorbonne en licence de lettres russes.

CI-DESSUS
Irène Némirovsky, s.d.

À DROITE
Irène Némirovsky, vers 1921

NOVEMBRE
Invitée à passer la Toussaint
à Lambres-lez-Douais, chez
« Mad » Avot.

DÉCEMBRE
Nouveau séjour chez les Avot,
pour Noël. Réveillon du nouvel an
au Cercle russe : Irène s'y sent
« dépaysée, presque étrangère »
(lettre à Madeleine/IMEC).

1922

Arrivée en France de ses
grands-parents maternels. →

JUILLET
Obtient son certificat d'études
pratiques supérieures en langue et
littérature russes, avec mention.

ÉTÉ
Séjour à l'hôtel de la Paix,
à Plombières. Flirt avec le fils
d'un usinier des Vosges.

28 OCTOBRE
Inscription en littérature
comparée à la Sorbonne. Suit les
cours de Fernand Baldensperger
et Fortunat Strowski.

1923

Irène a vingt ans : *« Elle semblait
s'être arrêtée dans sa croissance et
gardait à vingt ans un corps fragile et
menu d'enfant »* (Papiers/IMEC).
Léon installe sa fille dans un
meublé au 24, rue Boissière. Irène y
a pour voisin l'académicien, poète et
romancier Henri de Régnier (1864-
1936) et y reçoit bruyamment
ses amis.

JUILLET
Séjour à Deauville, Plombières,
Hendaye, Biarritz et Vittel.

EN HAUT
Jonas et Bella Margoulis,
grands-parents maternels d'Irène
Némirovsky, vers 1922.

À GAUCHE
Portrait d'Henri de Régnier, par
Jacques-Émile Blanche.

1924

9 MAI
Publication dans *Le Matin* de « La Niania », préfiguration des *Mouches d'automne*.

10 JUILLET
Obtient son certificat d'études supérieures en littérature comparée.

28 OCTOBRE
La France reconnaît officiellement l'URSS. Les exilés russes ont jusqu'à janvier 1925 pour réclamer la nationalité soviétique.

31 DÉCEMBRE
Rencontre Michel Epstein au réveillon du nouvel an. « *Il me fait la cour et, ma foi, je le trouve à mon goût* » (lettre à Madeleine/IMEC). Né le 30 octobre 1896 à Moscou, diplômé de l'École des hautes études de Saint-Pétersbourg, il est le fils du professeur et financier Efim Moissevitch Epstein, administrateur de la Banque d'Azov-Don, auteur de nombreux ouvrages sur le système bancaire russe et siégeant comme Léon Némirovsky au Comité des banques russes en exil. « Puisse, écrit-il alors, ce qui arriva à la Russie servir d'avertissement au monde civilisé ! » (*Les Banques de commerce russes*, 1925).

CI-DESSUS
Efim Moissevitch Epstein, père de Michel Epstein, s.d.

À DROITE
Michel Epstein, vers 1924.

Lettre d'Irène Némirovsky à Madeleine Avot, au sujet de la rencontre avec Michel Epstein en janvier 1925 : « [...] *Et puis, il y a quelque chose ou plutôt quelqu'un qui me retient à Paris. Je ne sais pas si vous vous rappelez ~~de~~ Michel Epstein, un petit brun au teint très foncé qui est revenu avec Choura et nous, en taxi, par cette mémorable nuit, ou plutôt ce mémorable matin du premier janvier ? Il me fait la cour et, ma foi, je le trouve à mon goût.* [...] »

Il me fait la cour, et, ma foi, je le trouve à mon goût. Mais, comme le béguin est très violent en ce moment, il ne faut pas me demander de partir, vous comprenez?

Je vois très souvent notre petite bande; j'ai déjeuné plusieurs fois avec eux; on s'est retrouvé chez Milo pas plus tard que hier soir et j'ai revu Bob qui m'a demandé de tes nouvelles. Lui avez vous écrit? Il est très discret sur ce sujet.

1925

FIN MARS

Obtient son certificat d'études supérieures de philologie russe, avec mention « très bien ». Michel Epstein entre à la Banque des Pays du Nord, chargé des relations avec l'étranger et du service des crédits documentaires. Irène le retrouve chaque soir au bar Chez Martin, avenue George-V.

ÉTÉ

Dernières vacances sur la côte basque avec ses parents.
« *Le meilleur moment était lorsque de grand matin, surtout au palace endormi, ses cheveux dénoués flottant sur les épaules, vêtue d'une jupe bleue et d'une chemise Lacoste, chaussée d'espadrilles, jambes nues, bras nus, elle montait sur les collines* » (*Le Malentendu*, 1926)

CI-DESSUS
Irène Némirovsky, au Pays basque français, vers 1925.

À DROITE
Michel Epstein et Irène Némirovsky, vers 1926.

1926

Le Malentendu, son premier roman, paraît dans le mensuel *Les Œuvres libres* (Fayard) ; il raconte l'amour contrarié d'un employé de bureau et d'une riche oisive : « *Ah, l'amour est un sentiment de luxe, ma chérie …* »
Élabore la première version de *David Golder*, récit de l'exil et de la réussite matérielle d'un couple d'émigrants judéo-russes, métaphore de son histoire familiale.

31 JUILLET

Mariage civil à la mairie du XVIe arrondissement, précédé d'une cérémonie religieuse à la synagogue de la rue Théry (actuelle rue de Montevideo). Michel et Irène emménagent dans un cinq-pièces en dernier étage au 8, avenue Daniel-Lesueur. Elle écrit chaque jour. « *Mon mari rentre. J'arrête mon travail ; à partir de ce moment je suis l'épouse tout court* » (entretien, *Je suis partout*, mars 1935).

mgr # 448 Epstein
1920
1328

Préfecture du Département de la Seine

Extrait des minutes
des Actes de Mariage

16e Arrondissement de Paris

Année 1926

ACTES DE L'ÉTAT CIVIL ET EXPÉDITIONS
PAPIER SPÉCIAL
6F

DROITS D'EXPÉDITION 2.60

1,50 FRANC

Le trente-un juillet mil neuf cent vingt-six, seize h
quinze minutes, devant Nous, Gaston ERNEST- Chevalie
Légion d'Honneur, adjoint au Maire du seizième arrond
de Paris, ont comparu publiquement en la maison comm
Michel EPSTEIN, sans profession, né à Moscou (Russie)
te octobre mil huit cent quatre-vingt-seize, domicil
avenue Victor Emmanuel, III, N°29; fils de Efim EPST
Elisabeth DAITZELMAN, époux sans profession, domicil
ris, 29, avenue Victor Emmanuel, III, d'une part.-ET
Irène NEMIROVSKY, sans profession, née à Kiew (Russie
onze février mil neuf cent trois, domiciliée à Paris
du Président Wilson, 18; fille de Léon NEMIROVSKY, ba
et de Fanny Jeanne MARGOULIS, son épouse, sans profes
domiciliés à Paris, avenue du Président Wilson, 18; d
part.-Un contrat de mariage a été reçu le vingt-trois
dernier par Maître GOUPIL, notaire à Paris.-Michel EP
Irma Irène NEMIROVSKY, ont déclaré l'un après l'autre
se prendre pour époux, et Nous avons prononcé au nom
qu'ils sont unis par le mariage./.

POUR EXTRAIT CONFORME.
PARIS- le douze juillet mil neuf cent trente-sept.-
LE MAIRE.

Certificat de mariage de
Michel Epstein et Irène
Némirovsky, le 31 juillet 1926.

1927

L'Enfant génial, « grande nouvelle inédite », paraît dans *Les Œuvres libres* ; elle fait entendre l'« *inconscient écho des tristes chants juifs, venus du fin fond des siècles comme un immense sanglot* ».

1928

Léon ↓ devient vice-président de la Banque française de l'Union, ex-succursale parisienne de la Banque de l'Union.

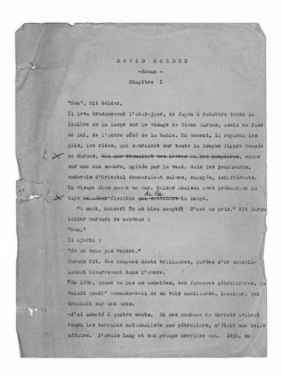

JUILLET

L'Ennemie, son deuxième roman, paraît sous le pseudonyme de Pierre Nerey, anagramme d'Irène, dans *Les Œuvres libres*. Ce cruel portrait d'une marâtre vaniteuse est la transposition du conflit qui l'oppose à Fanny, la rançon d'une enfance solitaire. « *La voilà enfin, ma vengeance…* » Mais *L'Ennemie* est aussi la satire des milieux cosmopolites de Biarritz.

AUTOMNE

Retravaille *David Golder* ↑ en s'aidant de *L'Impérialisme du pétrole* de Louis Fischer et d'anciens numéros de *La Revue pétrolifère*.

1929

FÉVRIER

Le Bal, « nouvelle inédite » écrite « *entre deux chapitres de* David Golder », paraît sous le pseudonyme de Pierre Nerey → dans *Les Œuvres libres*. Comme *L'Ennemie*, c'est le récit d'une vengeance, celle d'une fillette délaissée par sa mère, une parvenue. Et, selon le mécène Charles de Noailles, « le comble des livres qui finissent mal » (Jean Cocteau, *Le Passé défini*, II, 11 septembre 1953).

SEPTEMBRE

Adresse le manuscrit de *David Golder* à André Foucault, rédacteur en chef des *Œuvres libres*, qui exige des coupes.

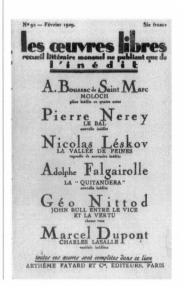

OCTOBRE
Bernard Grasset ↓ (1881-1955) passe des annonces dans la presse pour retrouver l'auteur de *David Golder*, qui lui a été adressé sous le nom d'Epstein. Il s'agit plus probablement d'un « coup » de publicité.

9 NOVEMBRE
Naissance de Denise Epstein : « *Elle ne me ressemble pas du tout, elle est presque blonde avec des yeux gris mais je pense que cela changera encore* » (lettre à Madeleine/IMEC).
La nourrice Cécile Mitaine entre au service d'Irène Némirovsky. Elle est née à Issy-l'Évêque (Saône-et-Loire) le 24 février 1904, le même jour qu'elle dans le calendrier grégorien. Deux ou trois semaines après l'accouchement, Irène Némirovsky se présente aux éditions Grasset.

EN HAUT À DROITE
Denise Epstein et sa nounou, Cécile Mitaine (qui deviendra ensuite Cécile Michaud), vers 1931.

EN BAS À DROITE
Irène Némirovsky et sa première fille, Denise Epstein, vers 1929.

7 DÉCEMBRE
Les premiers exemplaires de
David Golder sortent de presse,
dans la collection « Pour mon
plaisir ». Bernard Grasset compare
le roman au *Père Goriot* de Balzac
et fait publier un communiqué :
« Voici une œuvre qui, selon moi,
doit aller très loin. »

1930

10 JANVIER
André Thérive, dans *Le Temps*,
donne le diapason de la critique :
« On n'en saurait douter, *David
Golder* est un chef-d'œuvre. »
Le roman rencontre un succès
flamboyant. André Maurois
compare son auteur à Proust,
et Gaston de Pawlowski, à Tolstoï.
Henri de Régnier salue « un talent
très sûr » (*Le Figaro*, 28 janvier).
Gaston Chérau et Roland Dorgelès
parrainent la candidature d'Irène
Némirovsky à la Société des gens
de lettres.

11 JANVIER
Première interview d'Irène
Némirovsky par Frédéric Lefèvre,
dans *Les Nouvelles littéraires* avec un
dessin de Jean Texier →. « Cette
jeune maman a l'air d'une jeune
fille. Ses cheveux, d'un noir de jais
ou de corbeau – les plus noirs enfin
que vous pourrez imaginer – sont
taillés à la garçonne ; ses yeux sont
noirs, aussi noirs que les cheveux ;
ils ont l'étrange douceur, à peine
clignotante par instants, que donne
une légère myopie. »

FÉVRIER-MARS
La presse de droite veut croire que
David Golder est un pamphlet :
« Seule, une Juive pouvait écrire sur
la folie juive de l'or un réquisitoire

aussi terrible et aussi clairvoyant »
(André Billy, *La Femme de France*).
Une partie de la presse « israélite »
fustige David Golder, figure du
« Juif pour antisémites » (Pierre
Paraf, *L'Illustration juive*). Irène
Némirovsky, qui reconnaît avoir
écrit une satire sociale, se défend de
toute généralisation : « *Les bourgeois
du Marais songent-ils à s'identifier
avec les gens du "milieu" de Francis
Carco ? Pourquoi donc les israélites
français veulent-ils se retrouver dans*
David Golder *? La disproportion est
la même* »
(interview, *L'Univers israélite*,
5 juillet 1935).
L'Univers israélite la disculpe à
contrecœur : « Antisémite, certes,
Irène Némirovsky ne l'est pas.
Aussi peu que juive » (28 février).

19 FÉVRIER
Fernand Nozière (1875-1931)
acquiert les droits d'adaptation
de *David Golder* au théâtre.
« Il est comme ces petits tailleurs
qui ne savent pas faire un vêtement,
qui se contentent d'arranger,
de rapetasser. Faire quelque chose
de lui, personnel, pas moyen.
Il arrange les choses des autres »,
a dit de lui Paul Léautaud dans son
Journal littéraire.

MARS
Les éditions Fayard republient
Le Malentendu dans la
« Collection de bibliothèque ».

MAI
Julien Duvivier (1896-1967)
entreprend l'adaptation de *David
Golder*, qui sera son premier film
parlant. « J'ai pris le livre un soir et

je n'ai pu le quitter avant de l'avoir terminé » (entretiens avec René Jeanne et Charles Ford, 1957).

ÉTÉ

Vacances à l'hôtel Eskualduna, à Hendaye-Plage. Léon Némirovsky tombe subitement malade. →

AOÛT

Grasset republie *Le Bal*, nouvelle qu'il présente comme le nouveau roman d'Irène Némirovsky. La critique est déçue par sa minceur et par la perversité de son héroïne. Paul Reboux salue tout de même un « joyau » et annonce l'avènement d'une nouvelle Colette (*Paris-Soir*, 13 août). Nouveaux soupçons de poncifs antisémites.

OCTOBRE

Julien Duvivier tourne *David Golder* dans les studios d'Épinay-sur-Seine. Le rôle-titre est tenu par Harry Baur (1880-1943), également choisi par Nozière.

9 NOVEMBRE

Irène Némirovsky décide d'ajourner sa requête de naturalisation française, de crainte qu'elle ne lui facilite l'attribution du prix Goncourt et n'entache la sincérité de sa démarche. « [...] parce que j'y attache tellement de prix, je voudrais que cela soit absolument désintéressé de ma part, que le bénéfice moral et matériel du prix n'influence en rien un don tel que je le comprends » (lettre à Gaston Chérau, 22 octobre 1930).

DÉCEMBRE

Séjour dans un sanatorium en Suisse, où elle accompagne son père. À Paris, une polémique oppose Nozière à Duvivier, qui

s'accusent mutuellement de plagiat.

26 DÉCEMBRE

Première de *David Golder* au Théâtre de la Porte-Saint-Martin. Harry Baur, non content d'endosser le rôle de Golder, s'est chargé de diriger les acteurs, dans l'« admirable souci de créer cette fièvre de l'aventure financière » (*Comœdia*, 23 décembre 1930). Desservie par la presse et le bouche à oreille, la pièce s'interrompt dès la mi-janvier.

C'est, dira Philippe Soupault, « le four le plus retentissant de l'année » (*L'Europe nouvelle*, 21 mars 1931).

Caricature de J. Sennep, représentant Paulette Andral et Harry Baur dans l'adaptation théâtrale du roman d'Irène Némirovsky, *David Golder*.

14 JANVIER
Mort de Iona Margoulis, qui
sera enterré au carré juif du
Père-Lachaise.

JANVIER–FÉVRIER
David Golder paraît en
feuilleton dans *Le Peuple*,
journal de la CGT.

6 MARS
Première mondaine du « grand film
parlé »   de Duvivier, à l'Élysée
Gaumont, sur les Champs-Élysées,
en présence de nombreuses
personnalités : Colette, Maurice
Ravel, etc. Paul Morand applaudit
« un grand voyage humain, du
ghetto polonais au luxe de Biarritz,
de la pauvreté à la richesse, de la vie
à la mort » (*Le Figaro*, 6 mars). Le
quotidien communiste *L'Humanité*
fustige une apologie du capitalisme.
La Petite Illustration croit avoir vu
une illustration du « péril juif »
qui menace la France (11 avril).

18 MARS
Le film *David Golder* est présenté
au Capitol de Berlin.

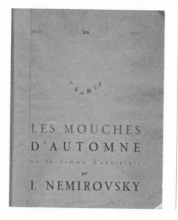

MAI
*Les Mouches d'automne, ou
la Femme d'autrefois* paraît chez
l'éditeur Simon Kra, dans la
collection « Femmes ». Ce récit
nostalgique de l'émigration russe
est l'amplification de « La
Niania », en même temps qu'un
hommage intime à « Zézelle ».

Irène Némirovsky songe à écrire
« *des sujets pour des nouveaux films* »
(*Poslednija Novosti*).

JUIN
Le magnat suédois Ivar Kreuger
refuse son aide financière à Léon
Némirovsky.

Irène Némirovsky (la deuxième à droite) avec ses amis à Hendaye, 1931. La deuxième femme, en partant de la gauche, est la comtesse Marie-Laure de Noailles.

JUILLET
« Film parlé », première tentative d'écriture scénaristique, paraît dans *Les Œuvres libres*.

Vacances à l'hôtel Eskualduna, à Hendaye. →

11 SEPTEMBRE
Projection au Gaumont-Palace du film chantant *Le Bal*, adapté par Wilhelm Thiele. Le film rend partiellement justice à l'œuvre d'Irène Némirovsky, mais il révèle une comédienne débutante, alors âgée de treize ans, Danielle Darrieux, dans le rôle d'Antoinette.

12 SEPTEMBRE
Dépose à l'Association des auteurs de films un scénario de film « sonore et parlant » provisoirement intitulé « La Symphonie de Paris ».

Michel, Irène et leur fille Denise, sur la plage à Hendaye, 1931.

DÉCEMBRE
Grasset reprend *Les Mouches d'automne*, ainsi salué par Robert Brasillach :
« Mme Nemirovski a fait passer l'immense mélancolie russe sous une forme française […]. On lira et on gardera ce livre dont la poésie est si émouvante et si vraie » (*Action française*, 7 janvier).

1932

JANVIER
Séjour à Megève.

15 JANVIER
Dépose à l'Association des auteurs de films le scénario intitulé « La Comédie bourgeoise ».

MARS
Séjour à Saint-Jean-de-Luz, où Michel se remet d'une congestion pulmonaire. Lecture du *Nœud de vipères* de François Mauriac, *« la plus belle chose que j'aie pu lire depuis longtemps »* (lettre à Pierre Tisné, archives Grasset).

18 MAI
Mort de Rosa Margoulis, devenue presque aveugle.

21 MAI
Dépose à l'Association des auteurs de films deux projets de scénarios intitulés « Noël » et « Carnaval de Nice ».

JUIN
« La Comédie bourgeoise » paraît dans *Les Œuvres libres*.

Paul Epstein, le plus jeune frère de Michel Epstein, vers 1926.

ÉTÉ
Vacances à Hendaye avec Michel et son frère Paul, employé de la Banque Lazard. ↑

16 SEPTEMBRE
Mort de Léon Némirovsky, → à Nice, d'une crise d'hémoptysie.
« Vraiment, il y a des moments où l'on est tenté de dire que là-haut, on exagère, on se moque trop cruellement de nous » (Journaux de travail, 1934/IMEC). Il est inhumé au cimetière de Belleville. Fanny s'installe 24, quai de Passy (avenue du Président-Kennedy).

OCTOBRE
Achève la rédaction de *L'Affaire Courilof*, roman « terroriste » entrepris durant l'été sous le titre provisoire de « Deux hommes » :
« Quel abattoir une révolution ! Est-ce que cela vaut la peine ? Rien ne vaut la peine de rien, il est vrai, et la vie non plus que le reste. »

Le film *David Golder* sort sur les écrans américains.

DÉCEMBRE
Entreprend un nouveau roman, *Le Pion sur l'échiquier*, une parabole sociologique sur la *« malédiction du travail »* qui prolonge *Le Malentendu*. Le 30, *L'Affaire Courilof* paraît en feuilleton dans *Les Annales politiques et littéraires*.

Léon Némirovsky, s.d.

1933

30 JANVIER
Adolf Hitler est nommé
chancelier d'Allemagne.

MARS
Deuxième rédaction du *Pion
sur l'échiquier*, chronique d'un
suicide qui est aussi le portrait
de « *l'homme 1933* », c'est-à-dire
l'employé de bureau.

MAI
L'Affaire Courilof, dédié à Michel
Epstein, paraît en volume chez
Grasset, dans la nouvelle collection
« Pour mon plaisir ».
L'auteur reconnaît s'être inspirée
de souvenirs personnels et de
témoignages sur la période
prérévolutionnaire, notamment
Ma vie de Trotski. La critique est
mauvaise et les ventes décevantes.
« On croit à son génie, on ne
travaille plus et l'on est sa propre
victime » (*Action française*, 25 mai).
Reprise de *David Golder* au Théâtre
Moncey.

« Un déjeuner en septembre » (*Revue
de Paris*), le « chef-d'œuvre » d'Irène
Némirovsky, « aussi parfait qu'une
nouvelle de Tchekhov » selon Robert
Brasillach (*Action française*, 30 mai).

ÉTÉ
Vacances dans une maison de
location à Urrugne, « *charmant et
antique village* » de la montagne
basque. C'est « *un ancien relais de
poste du temps de Louis XIV, aux
murs massifs, au grenier immense,
aux placards, escaliers et cachettes
sans fin* » (*Toute l'édition*, 29 juillet).
Irène Némirovsky s'efforce de se
remémorer ses souvenirs de
Russie et de Finlande au sein d'un
« *brouillon informe* » qu'elle baptise

« *le Monstre* », car « *il y a assez de
souvenirs et assez de poésie dans ma
vie pour former un roman* »
(Journaux de travail, 1933/IMEC).

Irène Némirovsky et sa fille Denise, à
Urrugne, au Pays basque français, 1933.

SEPTEMBRE
Ébauche le plan de l' « *autobiographie mal déguisée* » que sera *Le Vin de solitude*, provisoirement intitulé « La Famille Kern ». « *Un véritable passé palpitant et saignant, cela ne vaut-il pas toutes les imaginations ?* » (Journaux de travail, 1934/IMEC).

24 OCTOBRE
Signe un contrat d'exclusivité pour vingt ans chez Albin Michel ↓ (1873-1943), à raison de 4 000 francs mensuels.

25 OCTOBRE
Le Pion sur l'échiquier paraît en feuilleton dans *L'Intransigeant*.

18 NOVEMBRE
Départ de la première « marche de la faim », qui doit conduire de Lille à Paris plusieurs milliers de chômeurs.

8 DÉCEMBRE
« Nativité », transposition d'un souvenir de Mustamäki, paraît dans *Gringoire*, hebdomadaire politique et littéraire dirigé par Horace de Carbuccia (1891-1975) et tiré à 250 000 exemplaires.

NOËL
Fatiguée par son asthme, elle reste seule chez elle : « *Enfant, je pressentais la maturité. Maintenant, je pressens la vieillesse mieux qu'autre chose. C'est comique* » (Journaux de travail, 1933/IMEC).

1934

JANVIER–MARS
Critique dramatique pour le quotidien *Aujourd'hui*, dirigé par Paul Lévy, elle est fortement impressionnée par *Les Races* de Ferdinand Brückner, au Théâtre de l'œuvre, chronique de l'antisémitisme allemand qui « *révèle un état d'esprit terriblement inquiétant pour les voisins d'un peuple où le sadisme, l'orgueil et la cruauté sont ainsi glorifiés* » (10 mars).

JANVIER–JUILLET
Composition du *Vin de solitude*, « *l'histoire d'une petite fille qui déteste sa mère* » (Journaux de travail, 1934/IMEC).

8 JANVIER
L'étrange « suicide » de l'escroc Alexandre Stavisky, Juif ukrainien né à Odessa en 1886, exacerbe l'antiparlementarisme, l'antisémitisme et débouche sur les émeutes du 6 février. « *Je me servirai de Stavisky, peut-être, un jour* » (Journaux de travail, 1934/ IMEC). Il sera en effet le modèle de Daguerne dans *La Proie* (1938) et, plus explicitement, de Ben Sinner dans *Les Chiens et les Loups* (1939).

6 FÉVRIER
Émeutes antiparlementaires place de la Concorde, suite à l'« affaire Stavisky ».

16–23 MAI
« Ida », portrait d'une actrice vieillissante, paraît en deux livraisons dans *Marianne*, hebdomadaire de gauche dirigé par Emmanuel Berl.

Sortie du *Pion sur l'échiquier*
(Albin Michel), dont Irène
Némirovsky n'est pas satisfaite.
*« Je continue à peindre la société que
je connais le mieux et qui se compose
de gens désaxés, sortis du milieu,
du pays où ils eussent normalement
vécu* [...]. »

Robert Brasillach démolit *Le Pion
sur l'échiquier* : « Toute l'adresse
de l'écrivain ne parvient pas à
masquer le vide du sujet et du livre.
[...] Peut-être l'auteur de *David
Golder* ne devrait-elle pas écrire de
romans » (*Action française*). Irène
Némirovsky est assommée :
*« Évidemment j'écris trop de romans...
Mais si l'on savait que c'est pour
manger... et surtout nourrir Michel
et Denise. C'est dur* [...] *Je suis
désemparée, sans courage, sans espoir,
malheureuse au possible. Comme
j'ai vieilli !* » (Journaux de travail,
1934/IMEC).

1ᵉʳ JUIN
Dans « Dimanche » (*Revue
de Paris*) apparaît l'expression
« chaleur du sang », titre d'un futur
roman.

12–19 JUIN
« Les Fumées du vin », composé
de souvenirs de Saint-Pétersbourg
et de Finlande, paraît en deux
livraisons dans *Le Figaro*.

ÉTÉ
Départ en vacances à Urrugne, puis
à Hendaye. Rédaction du *Vin de
solitude*.

22 JUILLET
« Écho » paraît dans *Noir et Blanc*,
l'hebdomadaire que vient de lancer
Albin Michel.

15 OCTOBRE
Enterrement de son chat Kissou,
« long, large, hirsute et affolé »
(interview, *Pour vous*, juin 1931).

Irène Némirovsky et son chat, Kissou,
Paris, vers 1926.

2 NOVEMBRE
« Les Rivages heureux »
(*Gringoire*).

1935

JANVIER
Relecture des épreuves du *Vin de solitude*, *« qui sera de la lignée du Bal »* (entretien, *Marianne*, 13 février 1935).

FÉVRIER
« Ida », « Film parlé »,
« Les Fumées du vin » et
« La Comédie bourgeoise »
sont repris en un volume de
la collection « Renaissance de
la nouvelle » (Gallimard) dirigée
par le diplomate et romancier Paul
Morand (1888-1976), sous le titre
Films parlés. La critique n'est pas
convaincue par ces essais d'écriture
scénaristique. →

FÉVRIER–MAI
Chronique la littérature anglaise
(Jean Rhys), américaine (Pearl
Buck, James Cain) et soviétique
dans *La Revue hebdomadaire*
(éditions Plon). Forte impression à
la lecture des *Quarante jours du
Mussa Dagh* de Franz Werfel,
chronique du génocide arménien
et l'une des sources inconscientes
des *Chiens et les Loups*, car *« c'est
l'histoire en un sens d'un homme qui
revient comme un étranger chez les
siens et se trouve lié par des attaches
plus fortes qu'il ne les avait
imaginées, et se trouve forcé
d'accepter le sort de sa race et de son
pays »* (notes de lecture).

LA RENAISSANCE DE LA NOUVELLE
Collection dirigée par
PAUL MORAND

FILMS
parlés
par Irène Némirovsky

nrf

Septième Édition

GALLIMARD

1er MARS
Le Vin de solitude paraît en
feuilleton dans la *Revue de Paris*
de Marcel Thiébaut.

1er AVRIL
« Jour d'été » (*Revue des
Deux Mondes*), une méditation sur
les âges de la vie. Sympathise avec
Solange, fille du directeur de la
revue, l'académicien René Doumic
(1860-1937), beau-frère d'Henri
de Régnier.

Irène, Michel et Denise emménagent 10, avenue Constant-Coquelin.

5 JUILLET
Dans une interview donnée à *L'Univers israélite*, Irène Némirovsky reconnaît ses torts (« *Il est tout à fait certain que s'il y avait eu Hitler, j'eusse grandement adouci* David Golder ») et répond à ses accusateurs : « *Chaque fois que j'en ai eu l'occasion, j'ai clamé que j'étais juive, je l'ai même proclamé ! Je suis beaucoup trop fière de l'être pour avoir jamais songé à le renier.* »

AOÛT
Le Vin de solitude sort en volume chez Albin Michel. « *Ce roman-ci est un de ceux que l'on écrit dans sa tête et dans son cœur bien avant de les écrire sur le papier* […] » (*Sequana*, août 1935).

30 SEPTEMBRE
Denise Epstein acquiert la nationalité française.

2 OCTOBRE
Jézabel, esquissé en 1934, paraît en feuilleton dans l'hebdomadaire *Marianne*. Portrait d'« *un monstre* » qui refuse de vieillir et d'avoir une descendance, c'est aussi le procès de Fanny Némirovsky : « *Vieille, vieille femme, comme je vous déteste !* »

25 OCTOBRE
Le jeune critique Jean-Pierre Maxence est ébloui par *Le Vin de solitude* : « Le rêve rejoint la réalité » (*Gringoire*).

NOVEMBRE
Nouvelles démarches en vue d'obtenir la naturalisation française, avec l'appui de René Doumic.

20 DÉCEMBRE
« Le Commencement et la Fin » (*Gringoire*).

1936
David Golder est traduit en japonais.

JANVIER
Suite au procès en incapacité mentale intenté à l'éditeur par sa famille, Irène Némirovsky cosigne un « Hommage à Grasset » aux côtés de Gide, Bonnard, Crémieux, Martin du Gard, Maurras, Prévost.

↓ André Sabatier quitte Grasset et devient l'éditeur attitré d'Irène Némirovsky chez Albin Michel, ainsi que l'un de ses plus fidèles amis.

Gringoire lui offre 50 000 francs pour la publication de son prochain livre, *La Proie*, roman d'apprentissage et satire de la corruption politique.

22 FÉVRIER
« Un amour en danger »
(*Le Figaro littéraire*, inédit), préfiguration de *Deux*.

MARS
L'Allemagne réoccupe la Rhénanie.

25 MARS
« Le Mariage de Pouchkine et sa mort » (*Marianne*, inédit).

15 MARS, 1ᵉʳ AVRIL
« Liens du sang » (*Revue des Deux Mondes*).

MAI
Sortie de *Jézabel* chez Albin Michel. *« Une femme a tué. Pourquoi ? »* (bande).

5 JUIN
Après la victoire du Front populaire, le socialiste Léon Blum est nommé président du Conseil. À l'Assemblée nationale, Xavier Vallat s'exclame : « Pour la première fois, ce vieux pays gallo-romain sera gouverné par un Juif ! »

ÉTÉ
Vacances à Urrugne.
Irène Némirovsky entend les tirs de mitrailleuses au-delà de la frontière espagnole. Composition de *La Proie*.

SEPTEMBRE
Préface *Le facteur sonne toujours deux fois*, de James Cain (Gallimard) : *« Ici, pas de préparations, pas de digressions, pas un instant de répit. Des faits. "Facts." »*

AUTOMNE
Le nom d'Irène Némirovsky apparaît dans une brochure antisémite anonyme, intitulée *Voici les vrais maîtres de la France – plus de 800 noms*, sous la rubrique « écrivains », parmi ceux d'André Maurois, Benjamin Crémieux, Julien Benda, Edmond Fleg, Pierre Paraf, André Spire, Joseph Kessel.

16 OCTOBRE
Gringoire commence la publication en feuilleton de *La Proie*.

31 OCTOBRE
René Doumic refuse de publier « Fraternité », au motif que cette nouvelle serait « antisémite ». Son personnage principal, un Juif français cultivé et raffiné, issu de la grande bourgeoisie, y prend brutalement conscience de son identité et du péril qui le menace. *« En somme, je démontre l'inassimilabilité. […] Je sais que c'est vrai »* (Journaux de travail, 1936/IMEC).

1937

5 FÉVRIER
« Fraternité » paraît dans *Gringoire*, dont les éditoriaux politiques prêtent désormais à l'antisémitisme, mais aux pages littéraires duquel elle continue de contribuer.

28 MAI
« Épilogue » (*Gringoire*).

20 MARS
Naissance d'une deuxième fille, prénommée Élisabeth, comme sa grand-mère paternelle décédée quelques semaines plus tôt, et Léone, en souvenir de son grand-père maternel. *« Que Dieu la protège. Elle est très proche de mon cœur »* (Journaux de travail, 1937/IMEC). →

ÉTÉ
Vacances à La Ferté-Alais, à cinquante kilomètres de Paris. Composition de *Deux*, roman envisagé dès 1934 : *« Deux, c'est l'histoire de deux êtres, de nature folle, mauvaise, instable, que la vie, l'amour, le mariage perfectionnent »* (Journaux de travail, 1934/IMEC).

2 DÉCEMBRE
Mort de René Doumic.

6 DÉCEMBRE
Retrouve son carnet de jeune fille, dans lequel elle consigne ses projets d'écrivain, notamment trois portraits de Juifs : Blum, Stavisky et Trotski. Blum est pour elle le type même du tribun malgré lui, l'homme *« dont la vie n'est pas d'accord avec son tempérament »* (Journaux de travail, 1938/IMEC).

1938

11 MARS

L'Allemagne nazie annexe l'Autriche (Anschluss). *« Quel étrange temps nous vivons… La guerre, logiquement, semble tout près »* (Journaux de travail, 1938/IMEC).

PRINTEMPS

Sortie de *La Proie* (Albin Michel). « Un Julien Sorel de temps de crise » (publicité).

AVRIL

Ébauche du *Charlatan*, récit de l'ascension d'un médecin immigré devenu escroc par nécessité. Elle y travaille jusqu'en août. *« Je ne sais pourquoi, je pense à l'enfance d'Apollinaire. »*

Publication en feuilleton de *Deux*, dans *Gringoire*, jusqu'au 15 juillet.

21-24 AVRIL

Premier séjour connu à l'hôtel des Voyageurs, à Issy-l'Évêque, village de naissance de Cécile Michaud, aux confins de la Nièvre et de la Saône-et-Loire : c'est *« un pays extrêmement riche, avec de grands domaines, des bêtes grasses, de beaux gosses. Le caractère des gens ? Comment te dire ? Le caractère de tous les paysans du monde ! Durs pour eux-mêmes et pour les autres »* (« Destinées », décembre 1940). →

26 MAI

« Je dois me jurer à moi-même de faire un Stav[isky] et de me foutre de l'effet que cela aura sur la condition des Juifs en général. […] Mon affaire, peindre les loups ! Je n'ai que faire des animaux en tribu, ni des animaux domestiques » (Journaux de travail, 1938/IMEC).

FIN MAI

Séjour à Hendaye. Lit les souvenirs de Kipling.

Reprise de *David Golder* par une troupe russe, salle Iéna. *« Comment ai-je pu écrire une chose pareille ? »* (interview, *Les Nouvelles littéraires*, 4 juin).

4 JUIN

Évocation pour *Le Figaro* des journées de février 1917 à Petrograd sous le titre « Naissance d'une révolution. Souvenirs d'une petite fille ».

Le même jour, elle répond aux questions des *Nouvelles littéraires* : *« J'ai réduit au minimum ma vie mondaine. Je passe presque toutes mes soirées chez moi à lire et à réfléchir. »*

25 JUIN

Dans son journal de travail, elle mentionne ses difficultés financières : *« Des jours d'angoisse, de cette angoisse que donne l'argent, quand on n'en a pas et que cependant on sait que l'on peut en gagner. Une rancune amère contre la vie »* (IMEC). Son compte d'auteur est débiteur de 65 000 francs.

ÉTÉ

Vacances à Hendaye, dans la villa Ene Etchea. Lit Katherine Mansfield. Relit *À l'ombre des jeunes filles en fleurs* de Proust. Les Epstein hébergent une réfugiée espagnole. *« On étouffe à la maison ; on étouffe dans le sable. Pas envie de travailler, et, en même temps cette obscure inquiétude… »* (Journaux de travail, 1938/IMEC). →

Entreprend un nouveau roman, *Enfants de la nuit*, *« l'histoire d'une famille de juifs russes – oui, toujours ! – où il y ait un fils qui devienne Stav[isky] »* (Journaux de travail, 1938/IMEC).

PAGE DE DROITE
Denise, Irène, Élisabeth et Michel Epstein, Hendaye, 1938.

Barré, édit.

ISSY-L'EVÊQUE. — Route de Luzy.

4 AOÛT

« Magie » (*L'Intransigeant*) : « *Il a dû y avoir quelque part, dans les fils que tisse le destin pour nous, une erreur, une maille manquée.* »

5 AOÛT

« Nous avons été heureux », première de ses « *nouvelles alimentaires* », paraît dans *Marie-Claire*, magazine féminin dirigé par Hélène Gordon-Lazareff, la sœur de son amie Mila.

19 AOÛT

« Espoirs » (*Gringoire*), portraits de deux émigrés russes vivotant à Paris : « *Ah, heureux Français ! si calmes, si heureux !* »

30 SEPTEMBRE

La France, l'Angleterre, l'Italie et l'Allemagne signent les accords de Munich.

15 OCTOBRE

« La Confidence » (*Revue des Deux Mondes*).

2 NOVEMBRE

« La Femme de Don Juan » (*Candide*).

9 NOVEMBRE

En Allemagne, la Nuit de cristal marque une brutale escalade de l'antisémitisme avec près de trente mille déportations et plusieurs centaines d'assassinats.

12 NOVEMBRE

En France, un décret-loi limite l'accession des étrangers à la nationalité française et durcit la situation des « indésirables ».

23 NOVEMBRE

Les Epstein déposent une nouvelle demande de naturalisation auprès de la préfecture de police. Malgré des recommandations prestigieuses (Jean Vignaud, président de la Société des gens de lettres ; André Chaumeix, nouveau directeur de la *Revue des Deux Mondes*), cette demande n'aboutira pas.

DÉCEMBRE

Irène et Michel Epstein entreprennent des démarches en vue de leur baptême catholique. Le 21, conseillée par l'abbé Roger Bréchard qu'elle a rencontré en Auvergne, elle écrit à Mgr Vladimir Ghika ↑ (1873-1954), évêque roumain familier des milieux littéraires parisiens, serviteur des pauvres de la « zone rouge » de Villejuif.

1939

4 JANVIER– 15 MARS

Donne une série de six conférences à Radio Paris, sur le thème des « Grandes romancières étrangères ».

24 JANVIER

Intuition du titre définitif d'*Enfants de la nuit* : « *Les chiens et les loups pris entre les ténèbres et les flammes de l'enfer* » (Journaux de travail, 1939/IMEC).

2 FÉVRIER

Irène, Michel et leurs deux filles sont baptisés par Mgr Ghika à la chapelle de l'abbaye Sainte-Marie à Paris, avec l'abbé Bréchard pour parrain. Elle écrira à l'évêque le 25 mars : « *L'Église catholique a vraiment trouvé en moi une piètre recrue !* »

17 FÉVRIER

Dans *Je suis partout*, Robert Brasillach appelle à priver de la nationalité française « tout Juif, demi-Juif, quart de Juif ».

MARS

Michel est gravement malade, une pneumonie manque l'emporter.

Sortie en librairie de *Deux*, « le premier roman d'amour d'Irène Némirovsky » (publicité), favorablement accueilli par le public et par la critique – son meilleur succès de vente depuis *David Golder*.

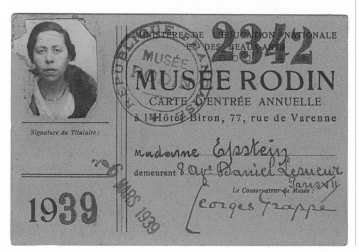

Les troupes allemandes pénètrent
en Tchécoslovaquie et occupent la
région des Sudètes.

AVRIL
Écrit pour la Radiodiffusion
d'État une dramatique intitulée
« Femmes de Paris, femmes de
lettres », évocation spirituelle
de Christine de Pisan, Mme
de Sévigné, George Sand, Anna
de Noailles et, enfin, de « la femme
de lettres moderne ».

21 AVRIL
Le décret-loi Marchandeau
sanctionne les propos racistes et
antisémites.

27 AVRIL
Michel Epstein est provisoirement
guéri. « J'ai eu si peur de le perdre.
Je ne sais pas ce que je serais devenue
si je n'avais pas eu le grand bonheur
de m'adresser à Dieu avec confiance
et espoir » (lettre à Mgr Ghika).

18 MAI– 24 AOÛT
Publication en feuilleton
dans Gringoire du Charlatan,
roman d'immigration rebaptisé
Les Échelles du Levant.
« Oui, vous tous, qui me méprisez,
riches Français, heureux Français, ce
que je voulais, c'était votre culture,
votre morale, vos vertus, tout ce qui
est plus haut que moi, différent de
moi, différent de la boue où je suis né ! »

EN HAUT À GAUCHE
Irène Némirovsky, vers la fin des années
1930.

À GAUCHE
Carte d'entrée annuelle pour le musée
Rodin d'Irène Némirovsky en 1939.

ÉTÉ

Vacances à Hendaye.

23 AOÛT

Signature du pacte de non-agression germano-soviétique. À Hendaye, les Epstein savourent les dernières heures de la paix.

28 AOÛT

Albin Michel adresse à Irène Némirovsky une lettre de recommandation « auprès des autorités et de la presse » : « Nous vivons en ce moment des heures angoissantes qui peuvent devenir tragiques du jour au lendemain. Or, vous êtes russe et israélite, et […] j'ai pensé que mon témoignage d'éditeur pourrait vous être utile. »

1er SEPTEMBRE

Les troupes allemandes envahissent la Pologne.

Jean Vignaud tente de relancer la procédure de naturalisation des époux Epstein, en vain.

3 SEPTEMBRE

La France et l'Angleterre déclarent la guerre à l'Allemagne. Par précaution, Denise et Élisabeth sont envoyées à Issy-l'Évêque chez Mme Mitaine, la mère de Cécile Michaud. Jusqu'en mai 1940, Irène Némirovsky multiplie les allers-retours entre Paris et Issy.

OCTOBRE–DÉCEMBRE

Publie dans la presse étrangère des articles et donne à la radio des conférences exaltant le courage des Français. Ainsi, en novembre, une dramatique intitulée « Émilie Plater », évocation du destin de *« cette jeune Polonaise qui combattit héroïquement, en 1831, pour la liberté de son pays ».*

5 OCTOBRE

« La Nuit en wagon » (*Gringoire*) : *« On ne dirait pas qu'il y a la guerre. »*

11 OCTOBRE

Les Chiens et les Loups commence à paraître en feuilleton dans *Candide*, hebdomadaire des éditions Fayard tirant à plus de 400 000 exemplaires.

Irène, Élisabeth et Denise Epstein, Hendaye, France, 1939

27 OCTOBRE
« Comme de grands enfants »
(*Marie-Clairè*).

NOVEMBRE
« En raison des circonstances »,
ébauche des *Feux de l'automne*.

Entreprend une *Vie de Tchekhov*.

10 NOVEMBRE
Mort d'Efim Epstein.

30 NOVEMBRE
Les Soviétiques pénètrent en
Finlande : début de la « guerre
d'Hiver ».

7 DÉCEMBRE
« Le Spectateur » (*Gringoire*) :
*« On voyait palpiter et mourir
un pays en chantant, comme on
sentirait sous sa main battre le cœur
d'un rossignol blessé. »*

1940
1ᵉʳ JANVIER
« Aïno » (*Revue des Deux Mondes*),
nouvelle composée de souvenirs
de la guerre civile finlandaise
(1918).

1ᵉʳ FÉVRIER
Dans « Le Sortilège » (*Gringoire*),
la narratrice, prénommée Irène,
évoque des souvenirs d'enfance
dans une datcha des faubourgs
de Kiev.

Document de voyage d'Irène Némirovsky, daté du 21 décembre
1939, lui donnant la permission de prendre le train de Paris à
Issy-l'Évêque, pour le motif de « voir ses enfants évacués ».

2 FÉVRIER

«... et je l'aime encore »
(*Marie-Claire*).

DÉBUT MARS

Séjour à Issy-l'Évêque.
Entreprend un nouveau roman,
Jeunes et Vieux, chronique d'une
famille française, de la Première
Guerre mondiale jusqu'à la Seconde,
sur le modèle de *Cavalcade* de Noel
Coward. *« En somme, ma fille, tu
veux faire ta petite* Guerre et Paix *! »*
(Journaux de travail, 1940/IMEC).

DÉBUT AVRIL

Nouveau séjour à Issy-l'Évêque.
Élisabeth a la scarlatine. Parution
de *Les Chiens et les Loups*. *« Ce roman
est une histoire de Juifs. Je précise :
non pas de Juifs français, mais de
Juifs venus de l'Est, d'Ukraine
ou de Pologne. [...] Je pense que
certains Juifs se reconnaîtront dans
mes personnages. Peut-être m'en
voudront-ils ? Mais je sais que je
dis la vérité »* (prière d'insérer).
Ce roman sera très peu commenté
par la presse.

EN HAUT À DROITE
Irène Némirovsky et sa fille Élisabeth, à
Issy-l'Évêque, 1940.

CI-CONTRE
Document de voyage pour Michel
Epstein daté du 23 avril 1940, lui
donnant la permission de prendre le
train de Paris à Issy-l'Évêque, pour le
motif de « voir ses enfants évacués ».

11 AVRIL
« Le Départ pour la fête »
(*Gringoire*).

MAI
« La Jeunesse de Tchekhov »
(*Les Œuvres libres*).

3 MAI
« L'Autre Jeune Fille »
(*Marie-Claire*).

10 MAI
Offensive des troupes allemandes
sur le front occidental. Début de
la « bataille de France ». Irène
Némirovsky part s'installer
à Issy-l'Évêque.

10 JUIN
Michel, très affaibli, abandonne
son poste à la banque pour gagner
Orléans.

14 JUIN
Les troupes allemandes
défilent sur les Champs-Élysées.
À Issy-l'Évêque, Irène Némirovsky
est témoin de l'exode massif des
Français vers le sud du pays.
« Du vendredi au mardi, nous
avons vu passer dans notre pays
habituellement assez tranquille
des milliers d'autos conduites par
des gens qui se sauvaient devant
l'ennemi », écrit Denise le 26.

21 JUIN
Arrivée des soldats allemands à
Issy-l'Évêque.

22 JUIN
Le maréchal Philippe Pétain,
nouveau président du Conseil, signe un armistice avec l'Allemagne.
Une ligne de démarcation séparera
la « zone non occupée » (sud) de
la « zone occupée » (nord), où se
trouve Issy-l'Évêque.

25 JUIN
Discours radiodiffusé du maréchal
Pétain : « Un ordre nouveau
commence. »

1er JUILLET
Réouverture des éditions Albin
Michel, sous la direction de Robert
Esménard, gendre de l'éditeur.

10 JUILLET
Une loi constitutionnelle abolit la
République, institue l'« État français »
et confie tous les pouvoirs au
maréchal Pétain, dont le
gouvernement est installé à Vichy
(Allier).

MI–AOÛT
Radié de la Banque des Pays du
Nord pour abandon de poste,
Michel Epstein reçoit 8 027 francs
d'indemnités.

27 AOÛT
Abrogation du décret-loi
Marchandeau, qui sanctionnait
la diffamation raciale par voie de
presse.

28 AOÛT
« M. Rose » (*Candide*).

13 SEPTEMBRE
Inquiète des mesures annoncées
contre les apatrides, Irène
Némirovsky écrit à Pétain : « *Je
ne puis croire, Monsieur le Maréchal,
que l'on ne fasse aucune distinction
entre les indésirables et les étrangers
honorables qui, s'ils ont reçu de la
France une hospitalité royale, ont
conscience d'avoir fait tous leurs
efforts pour la mériter.* »

3 OCTOBRE
Publication du « Statut des Juifs »,
excluant les Juifs de la fonction
publique, de la presse, du
spectacle, de l'enseignement, et
sont susceptibles d'être internés
dans des « camps spéciaux ».

4 OCTOBRE
Irène Némirovsky ne figure pas
sur la « liste Otto » mentionnant
les auteurs interdits. Esménard
envisage la publication de *La Vie de
Tchekhov*.

7 OCTOBRE
Irène et Michel Epstein →
se font recenser comme Juifs à la
sous-préfecture d'Autun.

8 OCTOBRE
Jean Fayard rompt le contrat qui
l'engageait à publier *Jeunes et
Vieux* dans *Candide*, sous le titre
définitif *Les Biens de ce monde*.

22 OCTOBRE
Apprend la mort de l'abbé
Bréchard, le 20 juin, dans les
Vosges, d'une balle en pleine
tête. Il inspirera le personnage
de Philippe Péricand dans *Suite
française*.

24 OCTOBRE
Pétain rencontre Hitler à
Montoire. Début de la politique
de collaboration avec l'Allemagne.

29 OCTOBRE
Elle se résout à publier sous
pseudonyme. *« Par moments,
angoisse insupportable. Sensation
de cauchemar. Ne crois pas à la
réalité. Espoir ténu et absurde »*
(Journaux de travail, 1940/
IMEC).

NOVEMBRE
Envisage d'écrire un roman sur
la Débâcle et l'Exode de
juin 1940, provisoirement
intitulé *Panique*, ou *Tempête*, sur
le modèle de *La Mousson* (*The
Rains Came*) de Louis Bromfield
(1937). *« Que ce serait amusant !
Du train où vont les choses, ce
serait des œuvres posthumes, mais
enfin »* (Journaux de travail, 1940/
IMEC). Relit Tolstoï, Pouchkine
et lord Byron.

DÉCEMBRE
Les nouvelles « La Peur » et
« Les Cartes » (inédites), signées
« C. Michaud », sont refusées par
l'hebdomadaire *Aujourd'hui*.

5 DÉCEMBRE
« Destinées » paraît sous le
pseudonyme de Pierre Nerey dans
Gringoire, devenu ouvertement
pétainiste et antisémite. Elle s'y
sent *« comme une dentellière au
milieu des sauvages »* (Journaux de
travail, 1940/IMEC).

11 DÉCEMBRE
Retour de Syrie d'André Sabatier,
qui convainc Robert Esménard de
poursuivre le versement des avances
mensuelles d'Irène Némirovsky en
1941, malgré le débit de son compte
d'auteur.

1941

MARS

Publication du *Journal à rebours* de Colette (Fayard). « *Si c'est tout ce qu'elle a pu tirer de juin, je suis tranquille* » (Journaux de travail, 1941/IMEC).

20 MARS

« La Confidente » (*Gringoire*), sous le pseudonyme de Pierre Nerey.

29 MARS

Création d'un Commissariat aux questions juives, confié à Xavier Vallat.

PRINTEMPS

Rédige « L'Inconnue », sous le pseudonyme de C. Michaud, et « La Voleuse ».

2 AVRIL

Achève la première version de *Tempête en juin*.

10 AVRIL– 20 JUIN

Les Biens de ce monde, « roman inédit par une jeune femme », paraît en feuilleton dans *Gringoire*.

26 AVRIL

Gel des comptes bancaires des Juifs.

30 MAI

« L'Honnête Homme » (*Gringoire*), sous le pseudonyme de Pierre Nerey.

2 JUIN

Publication d'un second « Statut des Juifs », plus restrictif, précisant la liste des métiers proscrits.

21 JUIN

Les Allemands d'Issy-l'Évêque célèbrent le premier anniversaire de leur installation au château de Montrifaut, propriété du marquis de Villette, modèle du comte de Montmort dans *Suite française*. ↑

22 JUIN

Déclenchement de l'opération Barbarossa : l'armée allemande pénètre en Union soviétique. Craignant d'être arrêtée, Irène Némirovsky appelle à son service Julienne (Julie) Dumot, jadis au service de Léon, afin qu'elle s'occupe de Denise et « Babet » et lui serve de prête-nom. Elle dépose chez le notaire, à son intention, une lettre-testament lui donnant pouvoir de tutelle et l'autorisant en « *toute dernière extrémité* » à publier « *un roman que je n'aurai peut-être pas le temps de terminer et qui s'appelle* Tempête en juin ».

28 JUIN

Départ des troupes d'occupation stationnées à Issy-l'Évêque. « *Je plains ces pauvres enfants. Mais je ne puis pardonner aux individus, ceux qui me repoussent, ceux qui froidement nous laissent tomber…* » (Journaux de travail, 1941/IMEC).

JUILLET

Le maire d'Issy-l'Évêque est relevé de ses fonctions et remplacé par le marquis de Villette. Le 11, arrivée de Julie Dumot.

Entreprend une deuxième rédaction de *Tempête en juin* et ébauche *Dolce*, chronique de l'occupation d'Issy-l'Évêque et critique de l' « *esprit de la ruche* », c'est-à-dire du nationalisme ou « *destin communautaire* ». Parallèlement, elle entreprend un court roman, *Chaleur du sang*, une parabole sur les âges de la vie située dans le pays d'Issy-l'Évêque.

8 AOÛT

« L'Inconnue », « nouvelle écrite par une jeune femme », paraît dans *Gringoire*. Dans cette fable pacifiste, le soldat allemand s'appelle Hohmann, comme le lieutenant dont Michel était devenu l'ami.

2 SEPTEMBRE

Michel écrit au sous-préfet d'Autun pour solliciter l'autorisation d'un séjour à Paris.

5 SEPTEMBRE

« Les Revenants » (*Gringoire*), sous le pseudonyme de Pierre Nerey : *« Que nous sommes drôlement faits, tout de même ! Notre faible mémoire ne garde que la trace du bonheur, si profondément marquée parfois que l'on dirait une blessure. »*

19 SEPTEMBRE

Chute de Kiev. En Ukraine, les *Einsatzgruppen* procèdent au massacre massif et systématique des populations juives.

OCTOBRE

Les films Gibé souhaitent adapter *Les Biens de ce monde*. « *Cela prouve* [...] *qu'une signature connue n'est pas indispensable au succès d'un ouvrage* » (lettre à André Sabatier/ IMEC).

24 OCTOBRE

« L'Ogresse » (*Gringoire*), sous le pseudonyme de Charles Blancat.

11 NOVEMBRE

Installation des Epstein et de Julie Dumot dans une maison de location pourvue d'un potager et d'un verger. Elle y entreprend un nouveau roman dans la veine des *Biens de ce monde*, mais plus pessimiste : *Les Feux de l'automne*, une chronique de l'entre-deux-guerres.

1er DÉCEMBRE

En prévision d'un séjour à Paris, elle récupère ses manuscrits déposés chez le notaire d'Issy, parmi lesquels ceux de *David Golder*.

17 DÉCEMBRE

Julie Dumot signe chez Albin Michel un contrat d'auteur pour deux romans d'Irène Némirovsky, dont *Les Biens de ce monde*.

NOËL

Denise et Élisabeth passent les vacances à Cézac avec Julie.

1942

FÉVRIER

Deux et *Les Chiens et les Loups* sont réimprimés « par autorisation spéciale ». Robert Esménard annonce les épreuves de *La Vie de Tchekhov*.

Elle écrit à la *Kreiskommandantur* d'Autun pour solliciter l'autorisation d'un séjour à Paris, afin de voir son éditeur et de faire examiner Denise par un oculiste. Bernard Grasset lui refusant tout soutien, elle sollicite également l'appui d'Hélène Morand. « L'Ami et la Femme. »

22 FÉVRIER

« L'Incendie », dernière nouvelle à paraître dans *Gringoire*, sous le pseudonyme de Pierre Neyret. Horace de Carbuccia ne publiera pas *Tempête en juin*, dont elle espérait 50 000 francs. Son compte d'auteur chez Albin Michel est débiteur de 120 000 francs. Michel Epstein cesse de payer son loyer parisien.

MARS

Relisant ses notes d'avril 1940 relatives à la composition des *Biens de ce monde*, elle est interloquée de voir qu'elle éprouvait alors une « tendresse sincère et un peu moqueuse » pour les Français. Prenant soin de la dater, elle ajoute au-dessus cette mention : « *haine et mépris = mars 1942* » (*Journaux de travail*, 1942/IMEC).
En marge de *Dolce*, elle consigne ses notes « sur l'État de la France » : « *Mon Dieu ! que me fait ce pays ? Puisqu'il me rejette, considérons-le froidement, regardons-le perdre son honneur et sa vie.* »

Premières ébauches de *Captivité* (ou *Servage*), troisième volet de la « série des *Tempêtes* » : « *Moi, je travaille sur de la lave brûlante* » (*Notes sur Captivité*).

1er – 3 AVRIL

Séjour d'André Sabatier à Issy-l'Évêque.

9–11 AVRIL

Denise est envoyée à Paris avec Julie, consulter un oculiste et récupérer des affaires à l'appartement. Puis elle séjourne jusqu'à fin mai à Audenge, sur le bassin d'Arcachon.

16 AVRIL

Le président Pierre Laval, champion de la collaboration, écarté en décembre 1940, est rappelé au pouvoir.

24 AVRIL

« *Il faut faire une suite de* Tempête, Dolce, Captivité. » Le sujet de cette *Suite française* sera la « *lutte entre le destin individuel et le destin communautaire* » (« Notes sur l'état de la France »).

4 MAI

Dans une lettre à André Sabatier, elle considère *Suite française* comme « *l'œuvre principale de [sa] vie* ».

17 MAI

Elle presse Sabatier de publier *Les Feux de l'automne.* L'attitude réticente d'Horace de Carbuccia met un comble à son « *état d'amertume, de lassitude, de dégoût* » (lettre à A. Sabatier/IMEC).

29 MAI

Ordonnance faisant obligation aux Juifs de porter une étoile de tissu jaune. Seule Élisabeth, âgée de moins de six ans, ne la portera pas. « *Maman m'a dit que j'étais juive le jour où nous avons été obligés de porter l'étoile jaune* » (Denise Epstein).

JUIN ?

Écrit « La Grande Allée ».

17 JUIN

Dix-sept des vingt-deux chapitres de *Dolce* sont achevés. Elle imagine le destin de ses personnages dans *Captivité*, puis dans les deux volumes suivants, *Batailles* et *La Paix*, qui verraient le « *triomphe*

du destin individuel ». Le tout composant « *un gros volume de mille pages* » (« Notes sur l'état de la France »).

EN HAUT
Lettre de Denise Epstein à ses parents, le dimanche 12 avril 1942, pendant le voyage de Paris à Audenge avec sa nounou, Julie Dumot.
« Mon cher papa, ma chère maman, Je ne vous ai pas écrit depuis que je suis allée au restaurant avec oncle Paul, tellement j'ai été occupée. Nous y avons très bien mangé pour un temps de restrictions : huîtres, filet de bœuf, choux-fleurs, salade, camembert, salade d'oranges, café [...] Tout de suite après, j'ai été au cinéma avec tante Mavlique pour voir *La Symphonie fantastique*. Ensuite, nous avons été goûter chez tante Mira qui m'a posé des tas de questions sur votre santé et votre lieu de résidence [...] »

1ᵉʳ JUILLET

À Paris, Theodor Dannecker et Adolf Eichmann planifient le prochain départ de six premiers convois de mille Juifs de France vers Auschwitz.

8 JUILLET

Une seconde « liste Otto » fait obligation de retirer de la vente « tous les livres d'auteurs juifs ». Une ordonnance allemande interdit aux Juifs la fréquentation des salles de spectacle et de tous lieux publics.

11 JUILLET

« J'ai beaucoup écrit ces derniers temps. Je suppose que ce seront des œuvres posthumes, mais cela fait toujours passer le temps » (lettre à A. Sabatier/IMEC). →

13 JUILLET

Irène Némirovsky est arrêtée en matinée à son domicile d'Issy-l'Évêque et emmenée à la gendarmerie de Toulon-sur-Arroux, au motif d'une « mesure générale contre les Juifs apatrides de 16 à 45 ans ». Elle a été probablement dénoncée.

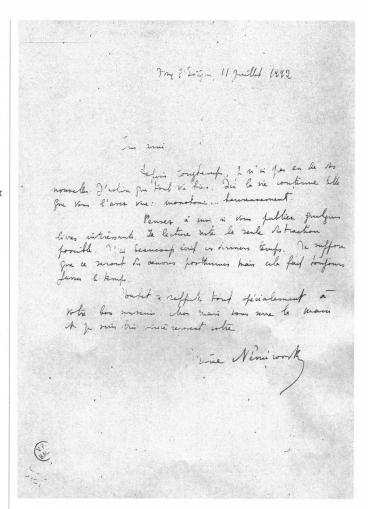

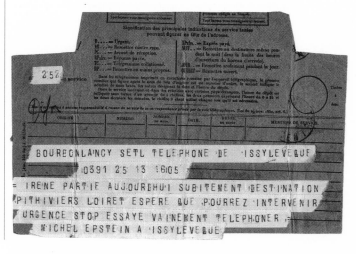

15 JUILLET

Arrivée au camp d'internement de Pithiviers, dans le Loiret. ↑ Publication dans l'hebdomadaire maréchaliste *Présent* de son ultime nouvelle, « Les Vierges », sous le pseudonyme de Denise Mérande : *« Regardez-moi. Je suis seule comme vous à présent, mais non pas d'une solitude choisie, recherchée, mais de la pire solitude, humiliée, amère, celle de l'abandon, de la trahison. »*

16 JUILLET

Enregistrement d'« Epstein Irène Nimierovski, femme de lettres », au camp de Pithiviers. Elle écrit un dernier billet à son mari et à ses filles : *« Je crois que nous partons aujourd'hui. Courage et espoir. Vous êtes dans mon cœur, mes bien-aimés. Que Dieu nous aide tous. »* ↓

16–17 JUILLET

À Paris, plus de treize mille Juifs sont raflés et rassemblés au Vélodrome d'Hiver pour être déportés. Parmi eux, Paul Epstein, frère de Michel.

17 JUILLET

Départ, à 6 h 15, du convoi n° 6 de Pithiviers pour Auschwitz, composé de 809 hommes et 119 femmes.

19 JUILLET

Arrivée du convoi n° 6 à Auschwitz-Birkenau, vers 19 heures.

24 JUILLET

Samuel Epstein et sa femme sont déportés à Auschwitz. →

27 JUILLET

Désespérant d'Hélène Morand et du secrétaire d'État Jacques Benoist-Méchin, Michel rédige une lettre pour Otto Abetz, ambassadeur du Reich, plaidant la cause de sa femme. André Sabatier ne la transmettra pas.

9 AOÛT

Michel apprend que les internés de Pithiviers ont été acheminés « vers l'Est – Pologne ou Russie probablement ». Hélène Morand lui suggère de s'adresser à l'Union générale des Israélites de France (UGIF).

12 AOÛT

Sabatier écrit à Michel Epstein : « Hélas ! j'ai fait tout ce que je pouvais. »

19 AOÛT

Irène Némirovsky décède du typhus, à 15 h 20 selon les douteuses précisions du certificat d'Auschwitz, qui mentionne une « grippe ».

23 SEPTEMBRE

Paul Epstein est déporté à Auschwitz par le convoi n° 36.

Issy-l'Evêque, le 9 Août 1942

Cher Ami,

Je viens d'apprendre, d'une source très sérieuse, que les femmes (les hommes aussi d'ailleurs, et les enfants) internées dans le camp de Pithiviers ont été conduites à la frontière d'Allemagne et de là dirigées vers l'Est - Pologne ou Russie probablement. Ceci se serait passé il y a environ 3 semaines.

Jusqu'à maintenant, je croyais ma femme dans un camp quelconque en France, sous la garde de soldats français. Savoir qu'elle se trouve dans un pays sauvage, dans des conditions probablement atroces, sans argent ni vivres et parmi des gens dont elle ne connait même pas la langue, c'est intolérable. Il ne s'agit plus maintenant d'essayer de la faire sortir plus ou moins rapidement d'un camp, mais de lui sauver la vie.?

Vous devez avoir reçu mon télégramme d'hier; je vous ai signalé un livre de ma femme, "Les Mouches d'Automne", paru d'abord chez Kra, en édition de luxe, et ensuite chez Grasset. Ce livre est nettement antibolchévique, et je suis désolé de ne pas y avoir pensé plus tôt. J'espère qu'il n'est pas trop tard pour insister, cette nouvelle preuve en mains, auprès des autorités allemandes.

Je sais, cher ami, que vous faites tout ce que vous pouvez pour nous sauver, mais je vous en supplie, trouvez, imaginez encore autre chose, consultez de nouveau Morand, Chambrun, votre ami et, plus particulièrement, le Docteur BAZY, Président de la Croix Rouge Française, 12, Rue Newton, Tél. KLE 84-05 (le Chef de son secrétariat particulier est Mme ROUSSEAU, même adresse) en leur signalant ce nouveau motif que sont "Les Mouches d'Automne". Il est tout de même inconcevable que nous, qui avons tout perdu à cause des Bolcheviks, nous soyons condamnés à mort par ceux qui les combattent!

Enfin, cher ami, c'est un dernier appel que je lance. Je sais que je suis impardonnable d'abuser ainsi de vous et des amis qui nous restent encore, mais, je le répète, c'est une question de vie ou de mort non seulement pour ma femme, mais aussi pour nos enfants, sans parler de moi-même. C'est sérieux. Seul ici, avec les gosses, presqu'en prison puisqu'il m'est interdit de bouger, je n'ai même pas la consolation d'agir. Je ne peux plus ni dormir, ni manger: que cela serve d'excuse à cette lettre incohérente.

Bien à vous.

Lettre de Michel Epstein à André Sabatier, 9 août 1942 : « Je viens d'apprendre, d'une source très sérieuse, que les femmes (les hommes aussi d'ailleurs, et les enfants) internées dans le camp de Pithiviers, ont été conduites à la frontière d'Allemagne et de là dirigées vers l'Est – Pologne ou Russie probablement. [...] Jusqu'à maintenant, je croyais ma femme dans un camp quelconque en France, sous la garde de soldats français. Savoir qu'elle se trouve dans un pays sauvage, dans des conditions probablement atroces, sans argent ni vivres et parmi des gens dont elle ne connaît même pas la langue, c'est intolérable. Il ne s'agit plus maintenant de la faire sortir plus ou moins rapidement d'un camp, mais de lui sauver la vie. [...] Je sais, cher ami, que vous faites tout ce que vous pouvez pour nous sauver, mais je vous en supplie, trouvez, imaginez encore autre chose, consultez de nouveau Morand, Chambrun, votre ami et, plus particulièrement, le Docteur BAZY, Président de la Croix-Rouge française [...]. Enfin, cher ami, c'est un dernier appel que je lance. Je sais que je suis impardonnable d'abuser ainsi de vous et des amis qui nous restent encore, mais, je le répète, c'est une question de vie ou de mort non seulement pour ma femme, mais aussi pour nos enfants, sans parler de moi-même. C'est sérieux. Seul ici, avec les gosses, presqu'en prison puisqu'il m'est interdit de bouger, je n'ai même pas la consolation d'agir. Je ne peux plus dormir, ni manger : que cela serve d'excuse à cette lettre incohérente. Bien à vous. »

8. 10. 42

Merci mille fois, chère
madame, pour toute la
peine que vous vous donnez.
N'abandonnez pas les
petites, si un malheur
leur arrive. Je suis
sûr que vous faites
tout ce que vous pouvez
pour sauver Irène.
Continuez, je vous en
supplie.

Bien à vous
Michel

Mes très sincères remerciements
à M. Avot. Ma femme et
aimait beaucoup

8 OCTOBRE
Michel Epstein délègue à Julie toute autorité sur ses filles et écrit à Madeleine Avot-Cabour : « N'abandonnez pas les petites si un malheur leur arrive. » ←

9 OCTOBRE
Michel est arrêté et conduit à la préfecture d'Autun. Il confie à Denise et Élisabeth, épargnées, la valise contenant *Suite française*. Puis il est conduit à la prison du Creusot et transféré ultérieurement au camp de transit de Drancy, en région parisienne. ↑

FIN OCTOBRE
Deux gendarmes et un milicien se présentent à l'école d'Issy pour arrêter Denise et Élisabeth, qui doivent s'enfuir à Bordeaux avec Julie Dumot.

6 NOVEMBRE
Départ du convoi n° 42 de Drancy pour Auschwitz. Tous ses occupants seront gazés à leur arrivée ; parmi eux, Michel Epstein et sa sœur Sofia, dite Mavlik.

1943
Denise et Élisabeth sont cachées sous de faux noms dans un pensionnat catholique, puis, à partir de février 1944, chez des particuliers.

23 FÉVRIER
La nouvelle « Un beau mariage », retournée en décembre 1941 par *Gringoire*, est publiée dans *Présent*, sous le nom de Denise Mérande.

10 MAI
Le nom d'Irène Némirovsky, qui ne figurait pas sur les deux premières listes « Otto » des « ouvrages littéraires français non désirables », apparaît dans la liste des 739 « écrivains juifs de langue française » publiée en annexe de la troisième liste.

1944
24 AOÛT
Libération de Paris.

28 AOÛT
Libération de Bordeaux.

1945
JANVIER
« Libération » du camp d'Auschwitz par les Soviétiques.

FÉVRIER
Le ministère des Réfugiés ne peut obtenir aucune information sur le sort des écrivains Robert Desnos, Benjamin Crémieux, Irène Némirovsky…

7 MAI
L'armistice est signé à Reims. Retour progressif des déportés survivants.

Un conseil de famille, constitué de la Banque des Pays du Nord, de la Société des gens de lettres et d'Albin Michel, pourvoit à la scolarité et à l'éducation des filles d'Irène Némirovsky, jusqu'à leur majorité. Élisabeth est accueillie chez les Avot, Denise dans un pensionnat catholique.

Pages du manuscrit original d'Irène
Némirovsky, *Suite française*.

1946

JUILLET

« La Mort de Tchekhov » paraît dans *La Nef.*

OCTOBRE

La Vie de Tchekhov paraît chez Albin Michel, précédé d'une préface de Jean-Jacques Bernard (fils de Tristan Bernard), qui a lui-même survécu au « camp de la mort lente » de Compiègne : « Née à l'Est, Irène est allée périr à l'Est. Arrachée pour vivre à sa terre

natale, elle a été arrachée pour mourir à sa terre d'élection. Entre ces deux pages s'inscrit une existence trop courte, mais brillante : une jeune Russe est venue déposer sur le livre d'or de notre langue des pages qui l'enrichissent. Pour les vingt années qu'elle aura passées chez nous, nous pleurons en elle un écrivain français. »

1947

FÉVRIER

Les Biens de ce monde (Albin Michel).

1957

Les Feux de l'automne (Albin Michel).

1972

9 JUILLET

Mort de Fanny Némirovsky, inhumée au carré juif du cimetière de Belleville. Ses petites-filles découvrent dans son coffre-fort un exemplaire de *Jézabel* et un autre de *David Golder*, dédicacé *« à ma chère petite mère, en souvenir de Riri »*.

1988

Mort de Victoria, tante maternelle d'Irène Némirovsky, à Moscou.

3ᵉ Mille

IRÈNE NÉMIROVSKY

LA VIE
DE
TCHEKOV

Avant-Propos de
JEAN-JACQUES BERNARD

ÉDITIONS
ALBIN MICHEL

REPUBLIQUE FRANÇAISE

M. 8 bis.

Paris, le ....18.OCT..1946

DUPLICATA

ACTE DE DISPARITION

LE MINISTRE DES ANCIENS COMBATTANTS
ET VICTIMES DE GUERRE,

Vu l'article 88 du Code Civil (Ord. du 30 octobre 1945) ;

Après examen des pièces du dossier portant le n° 20.841

DECLARE :

la disparition de E P S T E I N née N E M I R O W S K Y Irma Irène

né le II Février 1903 à KIEW (Russie)

dans les conditions indiquées ci-après :

» Arrêtée le 13 Juillet 1942 à ISSY-L'EVEQUE.

» Internée le 16 Juillet 1942 à PITHIVIERS.

» Déportée le 17 Juillet 1942 à AUSCHWITZ (Pologne).

Pour le Ministre des Anciens Combattants
et Victimes de Guerre.

Par délégation, le Directeur du Contentieux,
de l'Etat-civil et des Recherches.

P. O.

REMARQUES IMPORTANTES

1° Cet acte de disparition n'est pas un acte de décès, il ne doit pas être transcrit sur le registre des actes de décès de la mairie.

2° La famille ne doit pas se dessaisir de cet acte. En cas de besoin pour faire valoir ses droits, elle établit une copie qu'elle fait certifier conforme par le maire ou le commissaire de police.

3° La famille peut demander :

— soit un jugement déclaratif de décès, par simple lettre adressée au Procureur de la République du domicile du disparu, sans ministère d'avoué et sans frais, en application de la loi du 30 avril 1946, si le disparu est de nationalité française et appartient à l'une des catégories suivantes : Mobilisé, Prisonnier de guerre, Réfugié, Déporté ou Interné politique, Membre des Forces françaises libres ou des Forces françaises de l'intérieur, Requis du service du travail obligatoire ou Réfractaire.

— soit un jugement déclaratif d'absence (ou de décès si un délai de 5 ans s'est écoulé depuis le jour de la disparition) en application de la loi du 22 septembre 1942 validée et modifiée par l'Ordonnance d'Alger du 5 avril 1944.

D'autre part, à tout moment, l'acte de disparition peut être transformé par la Direction du contentieux, de l'Etat-civil et des Recherches en acte de décès si les preuves du décès sont apportées.

A.C.V.G. — Réaumur, 21.903.

« Acte de disparition » d'Irène
Némirovsky, établi par le gouvernement
français le 18 octobre 1946.

1992

AVRIL

Le Mirador, mémoires rêvés (Presses de la Renaissance), récit biographique d'Élisabeth Gille, est récompensé du prix de la Wizo.

1995

30 SEPTEMBRE

Élisabeth Gille et Denise Epstein confient les archives Irène Némirovsky à l'IMEC.

1996

30 SEPTEMBRE

Mort d'Élisabeth Gille-Némirovsky, écrivain, traductrice et éditrice. La même année paraît *Un paysage de cendres* (Seuil), évocation romancée de son enfance orpheline.

2000

MARS

Dimanche, et autres nouvelles (Stock), recueil de quinze nouvelles.

2004

AVRIL

Destinées, et autres nouvelles (Sables), recueil de treize nouvelles.

8 NOVEMBRE

Suite française (Denoël) reçoit le prix Renaudot à titre posthume.

2005

OCTOBRE

Les Échelles du Levant (*Gringoire*, 1939) paraît sous le titre *Le Maître des âmes* (Denoël).

2006

16 DÉCEMBRE

Suite française est élu livre de l'année par le *Times* de Londres.

2007

MARS

Chaleur du sang (Denoël).

19 DÉCEMBRE

Suite française (Chatto & Windus, trad. Sandra Smith) est élu livre de l'année par l'Association des libraires indépendants britanniques.

2008

Suite française a été traduit en trente-huit langues et vendu à plus de 1 300 000 exemplaires dans le monde. Presque tout le travail d'Irène Némirovsky a été redécouvert et est en cours de traduction dans de nombreuses langues.

24 SEPTEMBRE

Inauguration de l'exposition « Woman of Letters : Irène Némirovsky and *Suite Française* » au Museum of Jewish Heritage de New York.

24 SEPTEMBRE

Les Mouches d'automne, précédé de *La Niania*, suivi de *Naissance d'une révolution* (Grasset). *Les Vierges, et autres nouvelles* (Denoël), recueil de douze nouvelles.

7 MARS

Première du *Bal*, opéra d'Oscar Strasnoy, à l'Opéra de Hambourg.

AVRIL

Le Malentendu (Denoël).

12 OCTOBRE

Inauguration de l'exposition « Irène Némirovsky : "Il me semble parfois que je suis étrangère" » au Mémorial de la Shoah, à Paris.

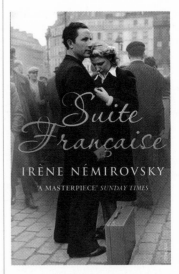

Couverture de l'édition anglaise de *Suite française*.

EN HAUT
Michel Epstein et Paul Epstein
« Chez Martin », avenue George-V, Paris.

EN BAS
Irène Némirovsky avec Michel (à gauche)
et Paul Epstein, s.d.

47 Rue Dumont d'Urville   G.L. Manuel Frères

CI-DESSUS ET PAGE PRÉCÉDENTE
Irène Némirovsky et sa fille Denise Epstein, s.d.

CI-DESSUS
Denise Epstein et son oncle Paul
Epstein, vers 1933.

À DROITE
Denise Epstein, vers 1933.

Irène Némirovsky, milieu des années 1930.

Denise Epstein, milieu des années 1930.

CI-DESSUS
Élisabeth Epstein, Issy-l'Évêque,
1940.

PAGE PRÉCÉDENTE
Michel et Élisabeth Epstein,
Hendaye, 1939.

CI-DESSUS
Denise et Élisabeth Epstein avec
Renée Michaud (à gauche), fille de
Cécile Michaud, s.d.

À DROITE
Élisabeth Epstein, 1942.

NOTES *pour*

CAPTIVITÉ

IRÈNE NÉMIROVSKY

INTRODUCTION

Ces notes relatives à la composition de « Captivité », qui eût été le troisième volet de *Suite française*, furent jetées par Irène Némirovsky du 6 au 31 mars 1942. Elles forment une liasse de trente-huit feuillets, dont seuls douze ont subsisté. Ils faisaient partie du lot de brouillons et de manuscrits rapportés à Paris par André Sabatier le 3 avril – ou plus tard par Julie Dumot, la gouvernante désignée comme tutrice légale de Denise et Élisabeth Epstein, en « toute dernière extrémité ».

Quatre mois avant l'arrestation d'Irène Némirovsky, *Tempête*, premier volet de son chef-d'œuvre, est bel et bien achevé. Mais *Dolce* est encore loin d'avoir trouvé la forme que ses lecteurs lui découvriront fin 2004. Ainsi, l'épisode du flirt entre Lucile et Bruno, point culminant du roman, est-il encore envisagé comme sujet d'une nouvelle intitulée « Nuit et Songes ». Si ce récit d'un amour contrarié par l'instinct d'altérité trouve finalement place dans le roman, c'est que depuis la fin de l'automne 1941, même l'hebdomadaire *Gringoire*, qui acceptait de publier

ses œuvres sous pseudonyme, s'est dérobé. L'hiver 1942 est le moment d'une douloureuse prise de conscience : Irène Némirovsky ne retournera plus à Paris, ne publiera plus de romans, ne sera jamais française, et vit dans l'angoisse d'une arrestation.
Le sort du « camp de concentration », réservé aux immigrés indésirables dans *Les Chiens et les Loups*, dernier roman paru sous son nom en 1940, était donc une prémonition. Quant aux Français, elle voit bien désormais ce qui les distingue, depuis que le génie de la langue, qu'elle possède au plus haut degré, est devenu le moindre critère de dignité nationale. La « tendresse sincère et un peu moqueuse » dont elle les entourait en avril 1940 a cédé à la « haine » et au « mépris ». D'où les amères réflexions « sur l'état de la France », qui contribueront au succès posthume de *Suite française* : « Mon Dieu ! que me fait ce pays ? » Elles se prolongent ici : « Pour le Français, la liberté était une vieille épouse dont il ne voyait plus les charmes. Elle vient de mourir ; il ne s'en console pas. »
Il n'est pas possible de dire, d'après ces notes, quelle physionomie eût été celle de

« Captivité ». La romancière peine à choisir une intrigue parmi la « nébuleuse de chapitres » qui s'offrent à son imagination. L'héroïsme fera-t-il d'Hubert un « Jeune du Maréchal » ? Le vaniteux Corte se dévouera-t-il à la Révolution nationale ou se fera-t-il « apôtre de la Résistance » ? Comment savoir, « c'est un tel chaos ». Tout est question de circonstances. Il est remarquable qu'Irène Némirovsky, du village où elle était enfouie depuis 1940, ait si bien senti ce que plusieurs générations d'historiens finiront par admettre : la peu glorieuse incertitude de l'opinion française sous l'Occupation ; mais aussi qu'elle ait précisément défini le thème occulte de *Suite française* : l'instinct de réticence individuelle aux idéologies communautaires, triomphantes de Moscou à Vichy. « La grandeur de l'individu n'est pas du tout de se soumettre, mais au contraire, lui chétif, de se mesurer au destin. Et quand il est vainqueur, il est un Dieu dans le sens païen du terme ; quand il est vaincu, après avoir bien lutté, son destin est celui du héros. »
Comme presque tous ses romans, *Suite française* a donc une dimension morale. C'est une

satire de l'Histoire en marche, ce colosse aveugle, qu'un roman peut suffire à faire trébucher avant qu'il ne vous écrase. Fût-ce un roman posthume.

O.P.

CAPTIVITÉ
NOTES POUR 2ᵉ ET 3ᵉ PARTIE

…

Mon idée était de faire une tragédie à plusieurs plans ; premièrement, cette idée qui doit être dans l'air (cf. *Varouna*[1] Julien Green) que nos destinées dépendent toutes les unes des autres. Mais ce lien ne doit jamais être forcé, parce que ça deviendrait mécanique. Deuxièmement, *a panoramic vision of people and places… intensely vivid, inexhaustible stirring* (il se peut que « Tempête » ne soit qu'un prélude. Il faut. Cela ne veut pas dire que je pourrai le faire). Troisièmement (et c'est cela qui semble si simple, qui est le plus difficile) il faut faire une histoire humaine, qq. chose dont on ne puisse dire : *and then*… Саша полюбила Борю[2], et ainsi de suite.

La seule chose que je vois là, c'est l'amitié, une très belle, très virile amitié, allant jusqu'au sacrifice, et dévouée à une grande cause, mais attention ! Il ne faut pas s'en laisser accroire. Comme toutes choses, cela doit être vrai, c'est-à-dire, не по трафарету[3], avec les nuances de bouderie, de malentendus, de miscomprehensions, etc., cette amitié naturellement lie Hubert et Jean-Marie. V. s'il ne faudrait pas rajeunir Jean-Marie ? Je crois qu'il a vingt-six ans et Hubert dix-sept. Je pense que vingt-deux ou même vingt et un, contre les dix-sept d'Hubert vaudraient mieux. Cela serait en 40, ce qui en 42 ou 3, hélas, peut-être 4, 5 et 6 d'ailleurs, *Oh God*, feraient pour Jean-Marie vingt-quatre ans et vingt pour Hubert. Puis l'amour. D'abord Jean-Marie et Brigitte. Quand Jean-Marie meurt (et il faut qu'il meure en consentant, et que ce soit l'influence de Philippe, le sacrifice de Philippe qui, par quelque mystérieuse raison, le mène à ça) donc, quand Jean-Marie meurt, Brigitte et Hubert finissent par s'aimer.

…

Relations entre ces personnages. D'abord, naturellement, il faut une action commune qui ne peut guère être ici qu'un essai de sauver le pays, mais chacun pourrait le faire à son idée : Hubert serait un « Jeune du Maréchal », ou qq. chose comme ça. Jean-Marie pour les Anglais. Dire que dans vingt ans d'ici tous ces courants seront si clairs, et maintenant, c'est un tel chaos. Enfin…

1. Plon, 1940.
2. Sacha a aimé Boria (diminutif de Boris).
3. Affranchi du modèle.

1.

Hubert, à cause d'Arlette, est fourré au bloc, où il rencontre
Benoît et Jean-Marie.

2.

Benoît est fusillé : il a attaqué un Allemand ; il les déteste tous
parce que Madeleine en a aimé un, après avoir aimé Jean-Marie.

3.

Jean-Marie est au bloc parce qu'il a été arrêté pour dissimulation
d'armes, etc. (*cf.* l'histoire du fils de l'ami de M.)

Hubert et Jean-Marie font connaissance. La mort héroïque de Benoît
fait enfin d'Hubert un homme.

4.

Corte, écrivant uniquement par vanité, hystérie, etc., pousse sans
le savoir ces gens dans les plus dangereuses aventures. Ce serait même assez amusant s'il était pour la bonne cause, mais, sans
doute, vaut-il mieux pour la mauvaise ? À voir. Il pourrait d'abord
être tout feu, tout flamme, pour la Révolution Nationale, et, ensuite, vexé parce qu'on ne reconnaît pas ses mérites, devenir l'apôtre de la résistance, tout en se tenant prudemment à l'écart, de
l'étranger, par exemple.

5.

Son attitude vis-à-vis de Jules Blanc.

6.

La famille de Jules Blanc. Sa misère. Brigitte qui n'est pas sa
fille surtout mais la fille de sa maîtresse (je ne vois pas le genre,
je ne vois pas le milieu) Brigitte échoue à l'hôpital, puis chez
les Michaud.

Il reste les prolétaires, les Petits Repentis, les directeurs de Banque, et Charles Langelet à caser (ou plutôt, la fortune de Langelet). Je pense qu'il faudra se défaire de Langelet, malheureusement (cela ferait une longue nouvelle...) et à la place, je mettrai Jules Blanc.

Cette deuxième partie doit finir par l'union, en vue du bien commun, des trois héros.

...

Admettons que Corte, du Portugal ou du Canada, fasse une campagne délirante pour l'organisation d'une « société pour délivrer la France », ou qq. chose de ce genre. Jean-Marie y a déjà voué son corps et son âme. Ce ne serait pas mal de montrer ces gens prudents à l'étranger qui gagnèrent honneur et argent à prêcher la révolte et ceux qui se faisaient casser la gueule.

...

Mais je voudrais (pour ça il faudrait voir les Bolchies. Laissons ça pour le 3ᵉ livre à tout hasard ça donne du champ) je voudrais que les Petits Repentis me le tuent, mon Corte.

En attendant (2ᵉ livre) les directeurs font de belles affaires.

...

Maintenant, ne pas oublier que ce qu'il y a de bien dans *Guerre et Paix* par ex. c'est qu'au milieu de tous ces bouleversements inouïs, les gens poursuivent leur vie plus ou moins ordinaire et ne pensent en somme, surtout, qu'à survivre, aimer, bouffer, etc. D'ailleurs tout ceci est une question d'accent. C'est sur la vie personnelle « égoïste » qu'il faut mettre l'accent.

...

Donc le livre doit commencer par l'entrée des Allemands (symbolique, ce n'est pas la première...) dans le village de Benoît et finir, soit par le départ (mais ce serait trop beau), soit par qq. chose qui montre l'amitié Jean-Marie/Hubert (j'avais d'abord pensé : scène d'amour Jean-Marie Brigitte, puis j'ai craint la banalité). En réalité, il faudrait les deux, quelque expédition dangereuse comme pour Jean-Marie et Hubert, puis Jean-Marie retrouve Brigitte. C'est là qu'un enfant devrait naître. C'est par une naissance que s'achève le 2ᵉ livre.

...

Dans le 1ᵉʳ livre, à la place de l'amateur de porcelaines, j'aurais mis la visite de Jules Blanc chez sa maîtresse, ce qui m'aurait fait connaître Brigitte.

...

DANS LE 2ᵉ LIVRE

1.

Les Péricand – la première communion de Jacqueline. Hubert est
jaloux d'Arlette, sort pour la guetter malgré les règlements, est
mis en prison.

2.

Arlette ?

3.

Les deux directeurs de banque font des affaires avec les Allemands

4.

Corte, après avoir exalté la Révolution nationale, est pris
de peur (ou ne gagne pas assez ?), enfin, pris de panique,
s'enfuit à l'étranger, et là, écrit un livre admirable de
patriotisme qui remue la jeunesse entière, l'envoie se
faire casser la gueule, et en retire beaucoup de gloire et
d'agrément

5.

Jules Blanc se réfugie dans un patelin genre Issy, ne
comprend pas ce qui lui arrive et est tué comme l'a été
what's his name ? un homme politique, je ne sais plus
lequel. Est-ce Jouhaux ? Il pourrait être tué par Blache
et Ponpon. (Évidemment, mais ça, je m'égare, l'exquis, ce
serait que la galette de Langelet tombe à Blache et Ponpon.
Mais comment Seigneur ? À moins qu'il y ait la Révolution ?
Et encore. Ou bien, faire de Langelet un Juif. Mais même ça…
Hélas, ça me paraît impossible. Ce serait… *a dream*.)

6.

Les Michaud incarnent l'intelligence, le bon sens et l'honneur
et recueillent Brigitte. Jean-Marie fait *something great*, *tries*
du moins. Aussi, cela ne peut être bon qu'à condition d'être
regardé dans ses multiples mérites, et que ce soit surtout
regardé comme si cela se passait il y a cent ans. Oui, c'est la
sérénité qu'il faudrait ici. Mais quand on en a si peu dans le

1. Léon Jouhaux (1879-1952), secrétaire général de la CGT (1909-1947), arrêté puis déporté à Buchenwald
en novembre 1942.

cœur… Хорошо[1] pour Tolstoï. Il s'en foutait. Oui, mais moi, je
travaille sur de la lave brûlante. À tort ou à raison, je crois
que c'est ce qui doit distinguer l'art de notre temps de celui
des autres, c'est que nous sculptons l'instantané, nous travaillons
sur des choses brûlantes. Ça se défait, certes, mais c'est
justement ce qui est nécessaire dans l'art d'aujourd'hui.
Si pareille impression a un sens, c'est un devenir perpétuel,
et non qq. chose de déjà achevé. *Cf.* cinéma.

7.

Les Petits Repentis pourraient être d'excellents tueurs mais il
faut ensuite que la destinée la plus brillante leur tombe dessus,
Какъ снгъ на голову. Je pourrais me débarrasser de l'un par une mort
violente, et l'autre encensé, considéré comme le sauveur de la
France, serait l'amant d'Arlette Corail. Mona, tu t'égares, et
depuis longtemps, de bons juges ont trouvé en toi une fâcheuse
inclination pour le roman-feuilleton.

8.

Les paysans. Benoît tue un Allemand. Madeleine s'enfuit.
Cécile s'enrichit en faisant du marché noir.

9.

Charlie Langelet ?

…

DANS LE 2ᵉ LIVRE

1.

L'entrée des Allemands (Pâques, 41)

2.

La 1ʳᵉ communion chez les Péricand (Mai 41)

---

1. Bien pour Tolstoï.
2. Comme la neige tombe sur la tête (par surprise).

3.

Arlette (cette vie-là, hélas, purement imaginaire) et la
jalousie d'Hubert (il est jaloux d'un Allemand)

4.

Les Michaud font la queue, ou la vie de Paris l'hiver. Alors,
ce n'est pas la 1re communion mais Noël.

5.

Jean-Marie

6.

Jules Blanc Issy

7.

La femme de Jules Blanc va trouver Corte et aussi Arlette.
Corte pour la Révolution nat.

8.

Arlette fait connaître l'Allemand au directeur de banque.
~~L'allemand devrait être tantôt à Paris, tantôt
à Issy ?~~

9.

Les Allemands au village (l'Allemand d'Arlette revient
au village)

10.

~~Brigitte est seule~~ Brigitte

11.

Scandale avec les Corte qui filent

12.

~~Brigitte à l'hôpital~~ Brigitte et sa mère sont recueillies
par les Michaud

13.

~~Les Michaud et la vie de Paris.Tout de suite après Arlette,
deux chapitres a-les Michaud b- Jean-Marie~~

Brigitte aime Jean-Marie

14.
Madeleine et l'Allemand (l'hôtel des Voyageurs)

15.
Le 22 juin.

16.
Arlette et les directeurs se partagent l'argent.

17.
Corte à l'étranger

18.
~~La mort de~~ Jules Blanc (l'hôtel des Voyageurs. Quand il attend les lettres et tout ça)

19.
~~Les Michaud recueillent Brigitte~~. La partie de fête des 3 enfants.

20.
~~Arlette et Hubert en prison~~ Benoît

21.
Hubert en prison

22.
Jean-Marie en prison (relations avec les Allemands) (?)

23.
Exécution de Benoît

24.
Amitié Jean-Marie et Hubert

25.
Et les prolétaires ? Et les Repentis ? Si j'en fais quelque chose, et il faudrait, c'est *in*. Les Repentis tuent Jules-Blanc.

26.

La mort de l'Allemand, pourquoi pas ? Pauvre Sp. ~~et Madeleine~~

27.

Madeleine s'enfuit (Cécile et le marché noir) les prolétaires !
Ne pourrait-elle pas ravitailler Mme Péricand ?

28.

Amour Jean-Marie et Brigitte (commencement)

29.

Expédition périlleuse.

30.

Amour Jean-Marie et Brigitte (couronnement)

Si Langelet s'était appelé Laengelé, ou qq. chose comme ça... Comment faire ? Il faudrait que son argent soit, par quelque voie mystérieuse, distribué entre les prolétaires et les Repentis, mais ça pourrait être dans le 3ᵉ livre. Mais, pour ça, il faut qu'il y ait au moins un mouvement révolutionnaire. En somme, pour que mon livre tienne, il faut deux choses : 1) une révolution communiste en France de courte durée et 2) la victoire des Anglais. *Oh, God ! Topsy*[1] *don't be blasphemous !*

...

Dans « Tempête », ce qu'il y avait de bien, c'étaient les choses inattendues : ex : la nuit du chat, le beau-père oublié, Arlette et Hubert, Charlie qui vole de l'essence... C'était très frais. Ici, je n'en vois pas une seule : tout est prévu. Mais, après tout, c'est peut-être juste. C'est une panique comme « Tempête » qui fait sortir ce qu'il y a de fou, de sauvage, en tous les cas, de contradictoire dans l'âme humaine, tandis que la longue contrainte de « Captivité » a un autre effet. D'abord, la lâcheté. Mais soyons charitables. Ensuite, un approfondissement de l'âme.

Le feu devient plus concentré, brûle plus fort, dévore le cœur : les directeurs de banque aiment plus l'argent. Jean-Marie et Hubert deviennent plus violemment patriotes, ou hommes de parti, si on veut... Madeleine est plus amoureuse qu'avec Jean-Marie : elle devient la maîtresse de l'Allemand. Benoît n'hésite pas à tuer.

1. « Topsy » : il s'agit du sobriquet que donnait à Irène Némirovsky sa gouvernante anglaise Mrs Matthews, et duquel elle signa son premier texte publié, « Nonoche chez l'extralucide » (*Fantasio*, août 1921).

1.

Donc les Péricand : le père, le grand-père, Philippe, Hubert, la mère, Jacqueline, Bernard etc.

Philippe agit sur les destinées d'Hubert, Jean-Marie, Brigitte.

Hubert, sur Arlette, Brigitte, Jean-Marie, Benoît.

2.

Arlette Corail agit sur les deux directeurs de banque, Hubert, l'Allemand de Madeleine

3.

Les deux directeurs de banque, sur l'Allemand (il faut qu'ils roulent l'Allemand)

4.

Les Corte sur Benoît, Hubert et Jean-Marie, sur Brigitte et Jules Blanc

5.

Jules Blanc sur Corte et les petits Repentis.

6.

Les Michaud. Jean-Marie sur Philippe, Hubert, Brigitte, Madeleine, Ben

7.

Les petits Repentis, sur Jules Blanc.

8.

Les paysans, Benoît, Madeleine, Cécile et les prolétaires

Benoît sur l'Allemand, Hubert, Jean-Marie.

Les prolétaires sur Cécile et Mme Péricand

9.

Charlie ?

Ne rien prouver surtout. Ici moins que partout ailleurs. Ni que les uns sont bons et les autres mauvais, ni que celui-ci a tort et un autre raison. Même si c'est vrai, surtout si c'est vrai. Dépeindre, décrire.

Shakespeare. « Il est vraisemblable qu'en le lisant pour la première fois, Goethe ait vu réaliser dans le monde de l'art ce qu'il avait toujours attendu et rêvé. Trouver à la fois, dans la forme qui s'adapte le mieux à l'esprit humain, la poésie la plus vaste et la plus significative, jointe au réalisme le plus vrai et le plus précis... parcourir en qq. secondes, sur le pont solide des mots, les abîmes de l'âme humaine, voir s'entrechoquer les passions comme les éclairs dans une nuit d'orage et finalement regarder monter et s'arrondir autour de ce chaos passionnel le ciel le plus calme, le plus pur, le plus serein qu'il ait enregistré (Seigneur, quel français) peut-être la pensée humaine, il y avait là en effet de quoi enivrer un jeune Goethe.

« ... Shakespeare... dans le découpage de ses scènes, offrait une <u>vision directe</u> qui ressemblait extraordinairement à la vie. Il ne s'agissait plus d'artifices savants pour réunir les gens dans un espace unique... Les hommes étaient là ; ils se heurtaient au travers des rues de la cité. <u>Tout les réunissait et les dispersait à la fois, des actions</u> <u>déchaînées les jetaient les uns contre les autres</u> et au milieu de leurs tumultes, de leurs dérives, de leurs amours, de leurs trahisons, brusquement, comme s'ils écoutaient des bois et de la ramure je ne sais quelle chanson divine, ils s'arrêtaient de vivre pour chanter à leur tour, murmurer quelque complainte ou s'abandonner aux délices lyriques de la plus subtile et de la plus tendre rêverie[1]. »

...

Je crains un peu le foisonnement. Il faut le garder, ~~si cela fait partie de la chose,~~ mais l'ordonner.

D'autre part, quels sont les spectacles typiquement « captivité » ?

Entrée et départ des Allemands à Issy.

La queue dans les rues de Paris (attention ce n'est plus 42).

C'est surtout l'air de Paris, l'hiver, la neige qui n'est pas enlevée, les uniformes verts, les mornes visages, les vêtements qui montrent la corde (бородатые как шалопы[2]) et à côté qq. chose comme Martin[3], la cohue, la rigolade, une queue sous la neige et sous la bise qui n'attend ni du pain, ni du vin, ni de la viande, mais une place pour le cinéma.

Jules Blanc, c'est à Issy qu'il meurt, à l'hôtel des Voyageurs. Dans ce même hôtel vit l'Allemand de Madeleine qui saute par la fenêtre la nuit, pour aller la rejoindre.

À Issy-l'Évêque, les prolétaires font leurs combines de veaux, poules et cochons.

...

War and Peace is like an Iliad, the story of certain men, and an Aeneid, the story of a nation, compressed into one book.

Il faudrait faire davantage de *Peace*, de jeux paisibles là-dedans. Maintenant, il ne faut pas oublier que la plupart de ces démonstrations sont d'ordre humain : l'amour, le désir du gain, la jalousie, Hubert, mais enfin, il conviendrait d'argumenter ça.

...

1. Citation extraite de la *Vie de Goethe* d'Edmond Jaloux (Plon, 1933), p. 66-67. Les points de suspension indiquent les coupes opérées par Irène Némirovsky.
2. Barbus comme des voyous.
3. Le bar dont Michel, Irène et Choura étaient les habitués.

Naturellement, la faiblesse, l'unique, de *Guerre et Paix*, à mon avis, c'est que T. met en scène des héros authentiques. Mais c'est égal, si on me dit, de quoi s'agit-il ? De donner un tableau, forcément incomplet mais le plus vaste et le plus fort possible, de certaines gens ordinaires (car tout le monde est ordinaire) dans des circonstances extraordinaires.

...

Oui, prendre garde que ces circonstances extraordinaires soient toujours vues du point de vue du héros. Cependant, l'entrée des Allemands est à part, comme un prélude. Est-ce bien ce que j'ai fait dans « Tempête », ces Prélude et Finale à part ? Ici, il y aurait à part le 1er chapitre, et puis ? Le 22 juin, encore, et la fin.

Ce qui me manque surtout, c'est une idée directrice. « Tempête » était un chaos ; ça se défend, mais dans «Captivité» qq. chose doit se dessiner. Ça devrait être l'effort de libérer la France, d'une part, même par des moyens différents de l'autre, la plus simple et banale aventure : amitié des deux hommes ; amour de l'un d'eux pour Brigitte. *Moments of happiness snatched*. L'espoir des jeunes qui se préparent à la vie malgré tous les dangers.

...

Oui. Il faut que Jean-Marie pense ou dise : « Les bouleversements terribles comme celui de juin semble ne rien laisse[2] subsister dans l'âme d'individuel ; rien que ces grands remous qui viennent du fond des âges. Mais sans doute ce n'est qu'une construction de l'esprit : j'imagine que pendant l'exode, telle fille engrossée par son amant avait comme principale préoccupation non la faim et les bombes, mais son amant, et s'il l'épouserait.

Oh, un dîner chez les Corte, un dîner où on vitupère les prolétaires, les Juifs, le déni de jouissance et de paresse qui s'était emparé du peuple, et par contraste : « Mais comment faites-vous pour vous procurer tout ça ? c'est extraordinaire. Ma chère, je me débrouille (et Cécile, invisible et tutélaire...).

Pour le Français, la liberté était une vieille épouse dont il ne voyait plus les charmes. Elle vient de mourir ; il ne s'en console pas.

Jules Blanc qui, tous les jours, dans les réunions publiques, organisait l'Europe et le jour de la débâcle, il oublie tout ; il sème les papiers précieux, les dossiers secrets ; il se sauve avec dans sa valise deux souliers qui ne sont pas de la même paire, et son costume de golf.

1. *Sic.*

Remerciements

Pour l'édition de cet ouvrage publié à l'occasion de l'exposition « Irène Némirovsky, "il me semble parfois que je suis étrangère" », présentée au Mémorial de la Shoah du 13 octobre 2010 au 8 mars 2011, je tiens en premier lieu à adresser l'expression de ma plus vive reconnaissance à Denise Epstein, sans qui ni cette exposition ni cet ouvrage n'auraient été possibles. Sa confiance vigilante, son enthousiasme et ses encouragements ont été déterminants.

Remerciements à tous ceux qui ont rendu possible une première version de cette exposition présentée en 2009 à New York au Museum of Jewish Heritage, et tout particulièrement à David Marwell, son directeur, ainsi qu'aux services culturels de l'ambassade de France aux États-Unis qui ont accompagné ce projet franco-américain jusqu'à son accomplissement.

Remerciements à tous ceux qui ont participé à la conception et à la réalisation de cet ouvrage :

Premièrement et tout particulièrement aux biographes d'Irène Némirovsky, Olivier Philipponnat et Patrick Lienhardt, qui ont apporté leur aide précieuse pour l'identification et la présentation des textes, documents et photographies extraits des archives Némirovsky, et pour l'établissement d'une chronologie précise et vivante.

Remerciements à Garrett White, directeur des éditions Five Ties, qui a publié la version américaine de cet ouvrage et a conçu sa mise en pages.

Remerciements à Jacques Fredj, directeur du Mémorial de la Shoah, grâce à qui l'exposition est aujourd'hui montrée en France, ainsi qu'à Sophie Nagiscarde, responsable du service activités culturelles, et à l'ensemble de leurs équipes.

Remerciements à mes collègues et collaborateurs de l'IMEC, qui ont su conduire l'ensemble de ce projet avec détermination et professionnalisme.

Remerciements à Olivier Rubinstein, directeur des éditions Denoël, éditeur heureux de *Suite française* et de l'ensemble de l'œuvre inédite d'Irène Némirovsky, qui a suivi ce projet dès son origine avec le plus grand intérêt.

Qu'on me permette enfin d'avoir une pensée émue pour la sœur de Denise Epstein, Élisabeth Gille, grâce à qui j'ai rencontré Denise Epstein et découvert l'œuvre d'Irène Némirovsky. Toutes les deux nous ont fait l'immense cadeau d'élire l'IMEC pour conserver l'héritage exceptionnel de leur mère.

OLIVIER CORPET

CRÉDITS PHOTO
Pour tous les documents et photographies provenant des Archives Némirovsky © 2008 Denise Epstein/IMEC (www.imec-archives.com). P. 7, 91, quatrième de couverture © Harlingue-Viollet ; p. 32, 35 (bas) et 87 © Jean Roubier ; p. 48, photo d'Élisabeth Epstein-Gille, © Louis Monier ; p. 48, photo de Denise Epstein prise par Pascale Butel © IMEC ; portrait de « Zézelle », p. 60, portrait d'Irène Némirovsky, p. 63, et portrait d'Irène Némirovsky avec « Kissou », p. 83, avec l'autorisation de Tatiana Morozova ; p. 96 © Fortin & Cie ; p. 102 (en bas à gauche), reproduction de la dernière lettre d'Irène Némirovsky, avec l'autorisation des Archives du CDJC/Mémorial de la Shoah/Collection Epstein, Paris ; p. 117 © G.L. Manuel Frères.

L'éditeur s'est efforcé d'identifier les sources et les ayants droit de tous les documents figurant dans ce livre. Toute erreur ou omission signalée à l'éditeur ne pourrait être qu'involontaire et serait corrigée dans les éditions à venir.

CONCEPTION GRAPHIQUE
PS New York
Penny Hardy, Elizabeth Oh
www.psnewyork.com

Studio Denoël (adaptation et couverture)

Achevé d'imprimer en septembre 2010
Par l'imprimerie Clerc
Dépôt légal octobre 2010
Numéro d'éditon 177893
Imprimé en France